10/05

ATLAS DE ANATOMÍA

Atlas de anatomía

Idea y proyecto de Parramón Ediciones, S.A.

Dirección editorial:

Mª Fernanda Canal

Textos:

Equipo editorial Parramón

Ilustración:

Antonio Muñoz Tenllado

con colaboraciones de

Javier Alcázar

Miquel Ferrón

José Mª Fernández de Retama

Diseño gráfico:

Toni Inglès

Compaginación y maquetación:

José Carlos Escobar

Jordi Martínez

© 1995 Parramon ediciones, S.A.

Derechos exclusivos de edición para todo el mundo.

Ronda de Sant Pere, 5, 4ª planta

08010 Barcelona (España)

Empresa del Grupo Editorial Norma

www.parramon.com

Novena edición: septiembre 2004

Dirección de producción: Rafael Marfil

ISBN: 84-342-1963-8

Impreso en España

ATLAS DE ANATOMÍA

*Conoce y cuida
tu cuerpo*

Parramón

Sumario

El cuerpo humano
6

La célula
10

Presentación
5

El sistema óseo
12

El sistema muscular
24

El aparato digestivo
31

El aparato respiratorio
42

El sistema circulatorio
46

La sangre y el bazo
52

El sistema nervioso
53

Los sentidos
59

El aparato excretor
74

El aparato reproductor
78

Índice analítico
91

Índice general
102

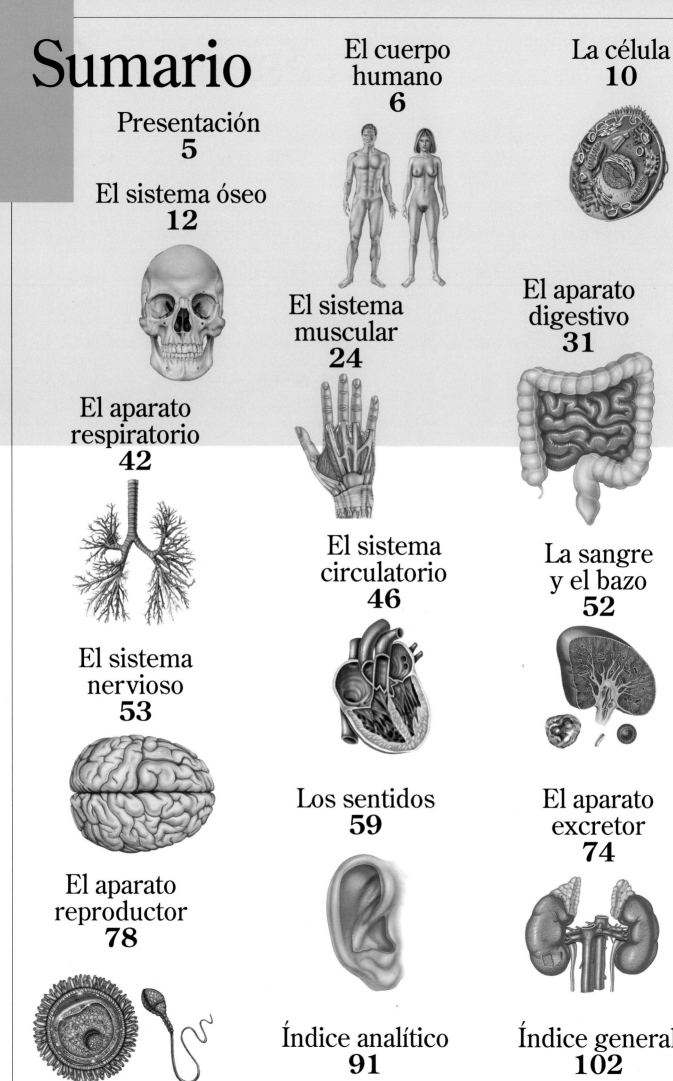
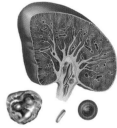
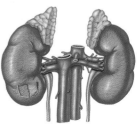

Presentación

La publicación de este *Atlas de Anatomía* complementa el objetivo propuesto en los dos volúmenes anteriores, *El cuerpo humano* y *Cuida tu cuerpo*.

Siguiendo el símil utilizado en los títulos precedentes, nuestro *Atlas de Anatomía* presenta un conjunto de esquemas de montaje y funcionamiento de la máquina que es nuestro cuerpo. Como todo atlas, esta obra contiene una copiosa y selecta colección de láminas en las cuales el lector encontrará todos los órganos del cuerpo humano con su situación correcta y su denominación correspondiente.

Creemos que el mercado actual se encuentra bien abastecido de obras elementales sobre el tema. Y no ignoramos los excelentes atlas de anatomía humana existentes, de gran nivel y rigor, destinados básicamente a los profesionales de la medicina. Pero echamos en falta una obra de nivel medio, destinada a un público amplio, que sea atractiva, clara de interpretación y fácil de consulta.

Éste ha sido, precisamente, el marco en el cual hemos querido situar nuestro *Atlas de Anatomía*. Hemos optado por ampliar sustancialmente el nivel de información para cubrir el hueco que modestamente creemos que existe y porque queremos satisfacer la necesidad del mayor número posible de lectores-usuarios.

Esperamos, pues, con este *Atlas de Anatomía*, ofrecer una buena herramienta de trabajo y estudio, tanto a alumnos de enseñanza media, como a personas interesadas por la medicina en general o profesionalmente relacionadas con ella (estudiantes de medicina, de educación física, de asistentes técnicos sanitarios, etc.) o a aquellas cuyo objetivo es adquirir un nivel estimable de conocimientos sobre la ciencia anatómica en general y brindar una ayuda útil y eficaz a toda persona que desea conocer mucho más y mejor cada una de las piezas de esta maravillosa máquina que nuestro cuerpo constituye.

El cuerpo humano

1. Anatomía del hombre

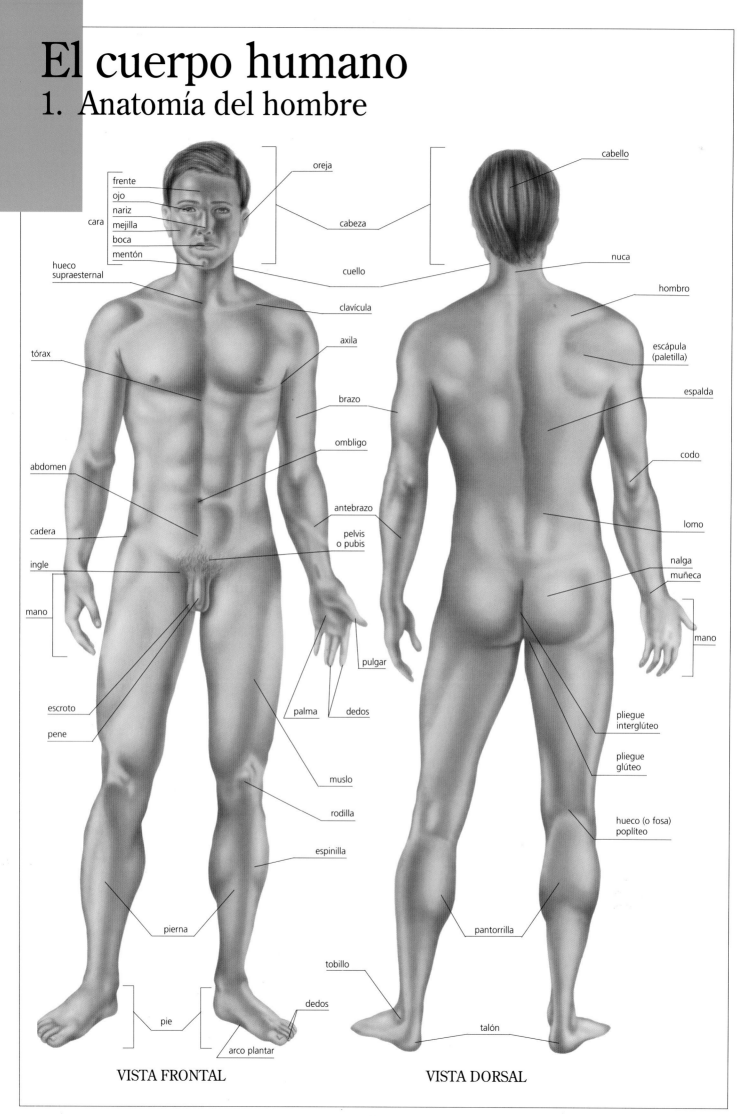

VISTA FRONTAL

oreja
cabeza
frente
ojo
nariz
cara
mejilla
boca
mentón
cuello
hueco
supraesternal
clavícula
axila
tórax
brazo
ombligo
abdomen
antebrazo
cadera
pelvis
o pubis
ingle
mano
escroto
pene
palma
pulgar
dedos
muslo
rodilla
espinilla
pierna
pie
dedos
arco plantar

VISTA DORSAL

cabello
nuca
hombro
escápula
(paletilla)
espalda
codo
lomo
nalga
muñeca
pliegue
interglúteo
pliegue
glúteo
mano
hueco (o fosa)
poplíteo
pantorrilla
tobillo
talón

2. Anatomía de la mujer

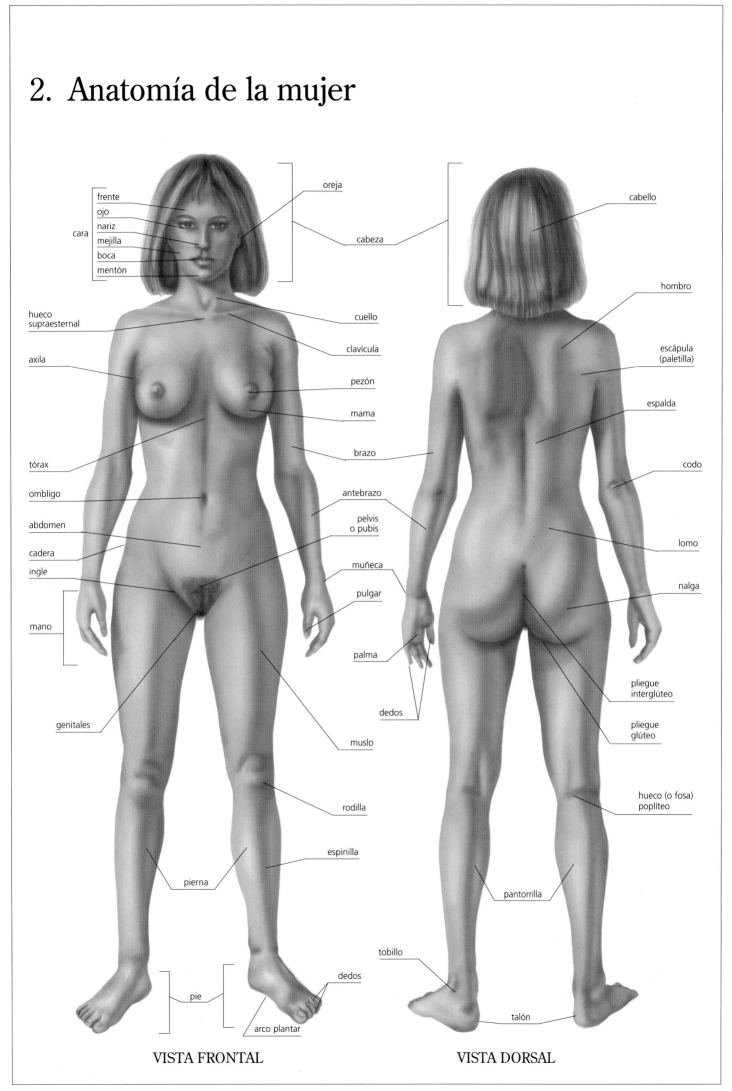

oreja

frente
ojo
nariz
cara
mejilla
boca
mentón

cabeza

cabello

hueco
supraesternal

cuello

hombro

axila

clavícula

escápula
(paletilla)

pezón

mama

espalda

tórax

brazo

codo

ombligo

antebrazo

abdomen

pelvis
o pubis

lomo

cadera

muñeca

ingle

pulgar

nalga

mano

palma

genitales

dedos

pliegue
interglúteo

muslo

pliegue
glúteo

rodilla

hueco (o fosa)
poplíteo

espinilla

pierna

pantorrilla

tobillo

pie

dedos

talón

arco plantar

VISTA FRONTAL

VISTA DORSAL

3. Regiones corporales. Vista frontal

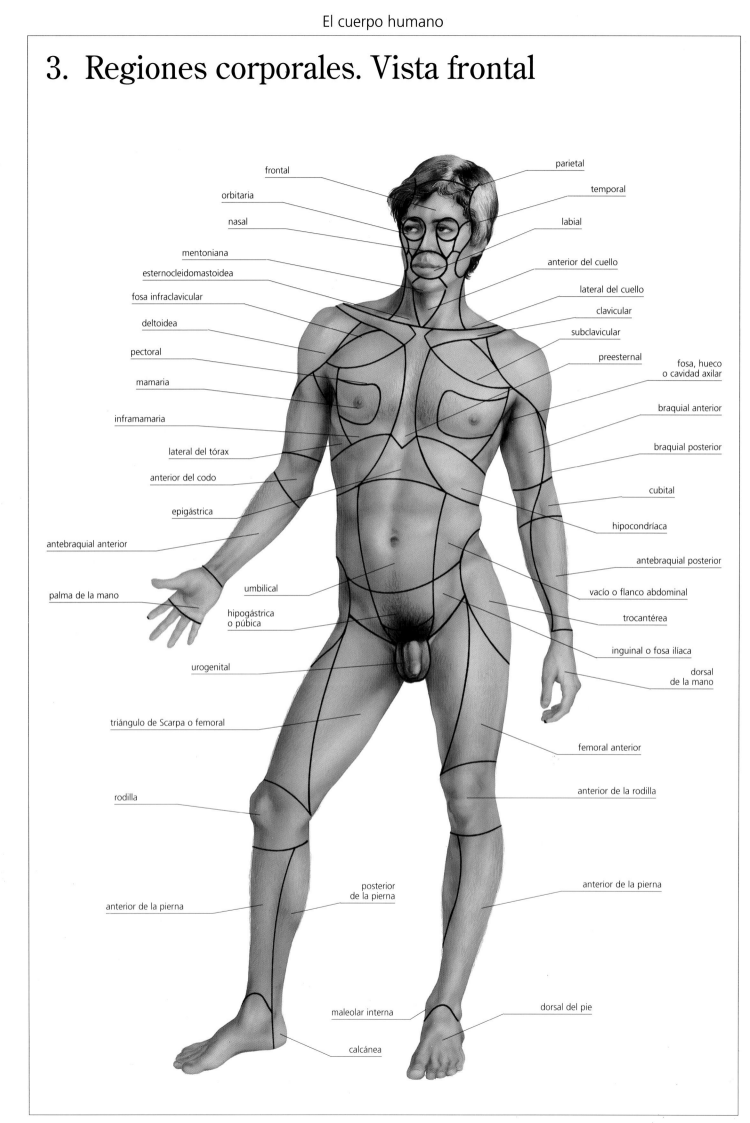

frontal

orbitaria

nasal

mentoniana

esternocleidomastoidea

fosa infraclavicular

deltoidea

pectoral

mamaria

inframamaria

lateral del tórax

anterior del codo

epigástrica

antebraquial anterior

palma de la mano

hipogástrica
o púbica

umbilical

urogenital

triángulo de Scarpa o femoral

rodilla

anterior de la pierna

posterior
de la pierna

maleolar interna

calcánea

parietal

temporal

labial

anterior del cuello

lateral del cuello

clavicular

subclavicular

preesternal

fosa, hueco
o cavidad axilar

braquial anterior

braquial posterior

cubital

hipocondríaca

antebraquial posterior

vacío o flanco abdominal

trocantérea

inguinal o fosa ilíaca

dorsal
de la mano

femoral anterior

anterior de la rodilla

anterior de la pierna

dorsal del pie

4. Regiones corporales. Vista dorsal

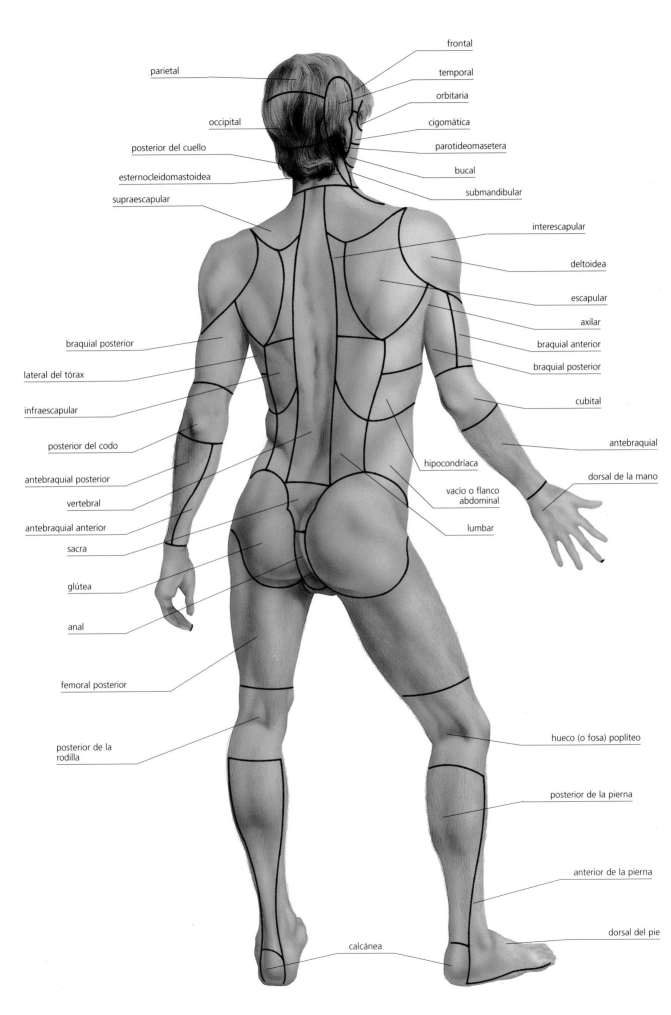

frontal

parietal

temporal

orbitaria

occipital

cigomática

posterior del cuello

parotideomasetera

esternocleidomastoidea

bucal

supraescapular

submandibular

interescapular

deltoidea

escapular

axilar

braquial posterior

braquial anterior

lateral del tórax

braquial posterior

infraescapular

cubital

posterior del codo

antebraquial

antebraquial posterior

hipocondríaca

dorsal de la mano

vertebral

vacío o flanco
abdominal

antebraquial anterior

lumbar

sacra

glútea

anal

femoral posterior

posterior de la
rodilla

hueco (o fosa) poplíteo

posterior de la pierna

anterior de la pierna

dorsal del pie

calcánea

La célula
1. Célula humana

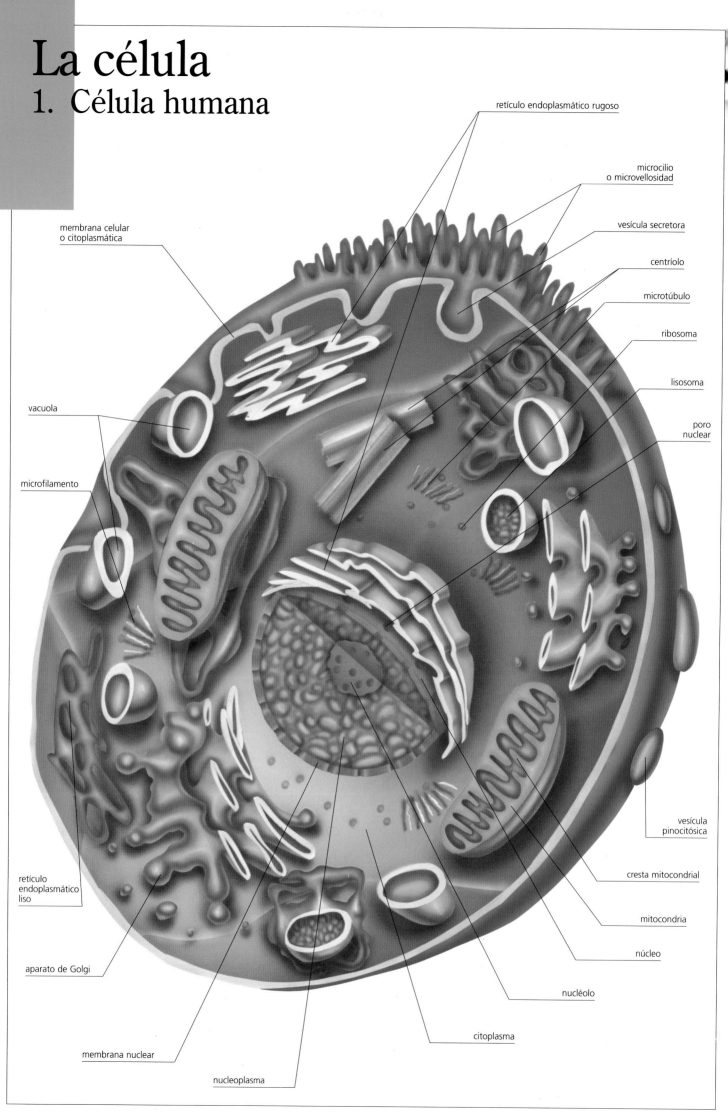

retículo endoplasmático rugoso

microcilio
o microvellosidad

vesícula secretora

centríolo

microtúbulo

ribosoma

lisosoma

poro
nuclear

membrana celular
o citoplasmática

vacuola

microfilamento

retículo
endoplasmático
liso

aparato de Golgi

membrana nuclear

nucleoplasma

citoplasma

nucléolo

núcleo

mitocondria

cresta mitocondrial

vesícula
pinocitósica

2. Núcleo celular, cromosomas y ADN

REPRESENTACIÓN ESQUEMÁTICA DEL NÚCLEO CELULAR

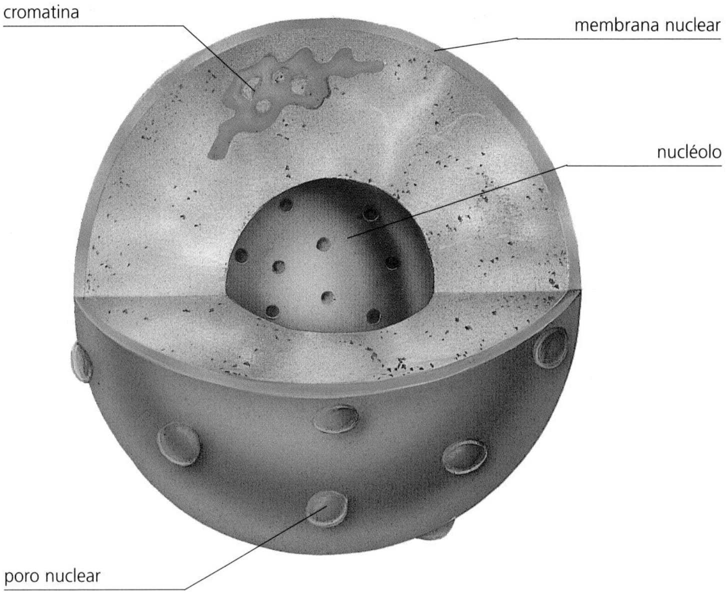

cromatina

membrana nuclear

nucléolo

poro nuclear

VISIÓN DE LOS CROMOSOMAS EN LA DIVISIÓN CELULAR

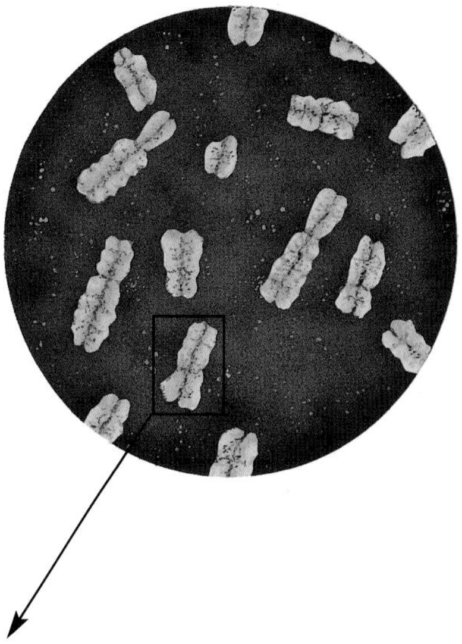

ESQUEMA DE LA ESTRUCTURA DE UN CROMOSOMA

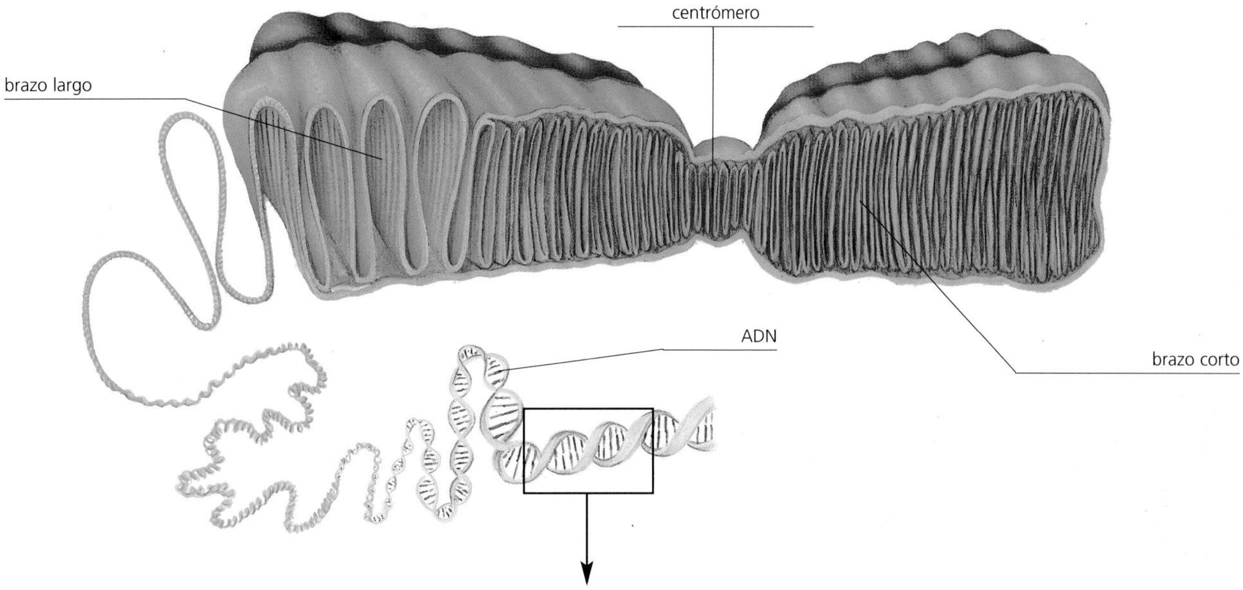

centrómero

brazo largo

ADN

brazo corto

REPRESENTACIÓN ESQUEMÁTICA DE LA CADENA DE ADN

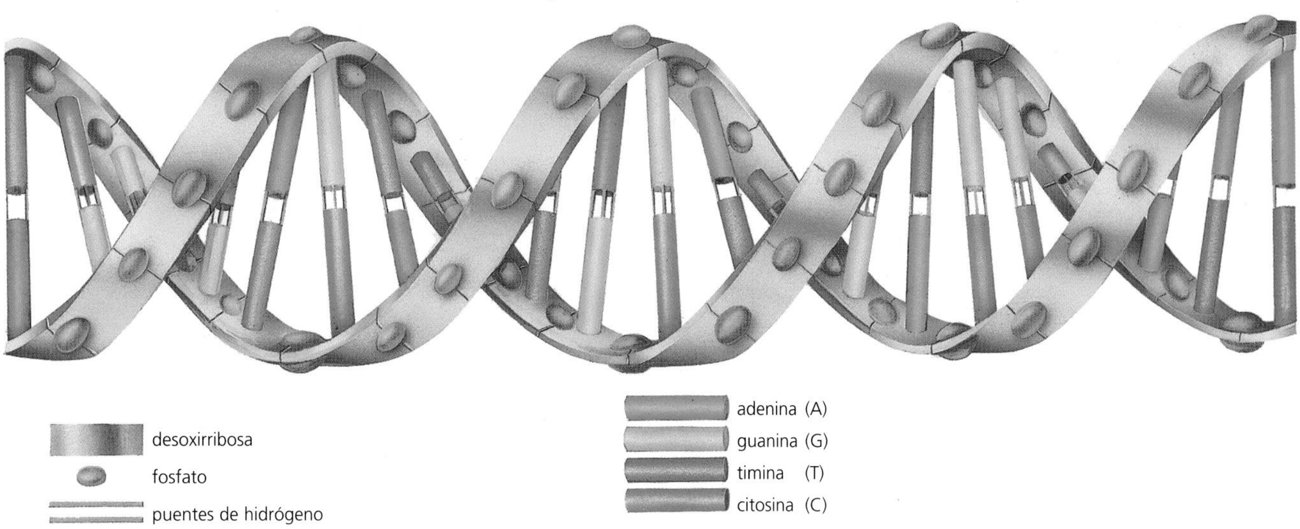

desoxirribosa

fosfato

puentes de hidrógeno

adenina (A)

guanina (G)

timina (T)

citosina (C)

El sistema óseo
1. Huesos de la cabeza

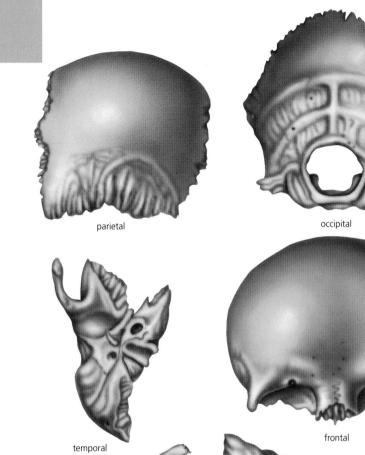

parietal

occipital

parietal

temporal

frontal

temporal

cigomático o malar

esfenoides

cigomático o malar

lacrimal

lacrimal

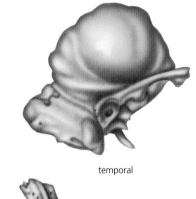

yunque

martillo

estribo

palatino

etmoides

palatino

vómer

estribo

martillo

yunque

cornete

cornete

nasal

maxilar superior

hioides

maxilar superior

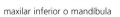

maxilar inferior o mandíbula

2. Huesos del tronco y extremidades

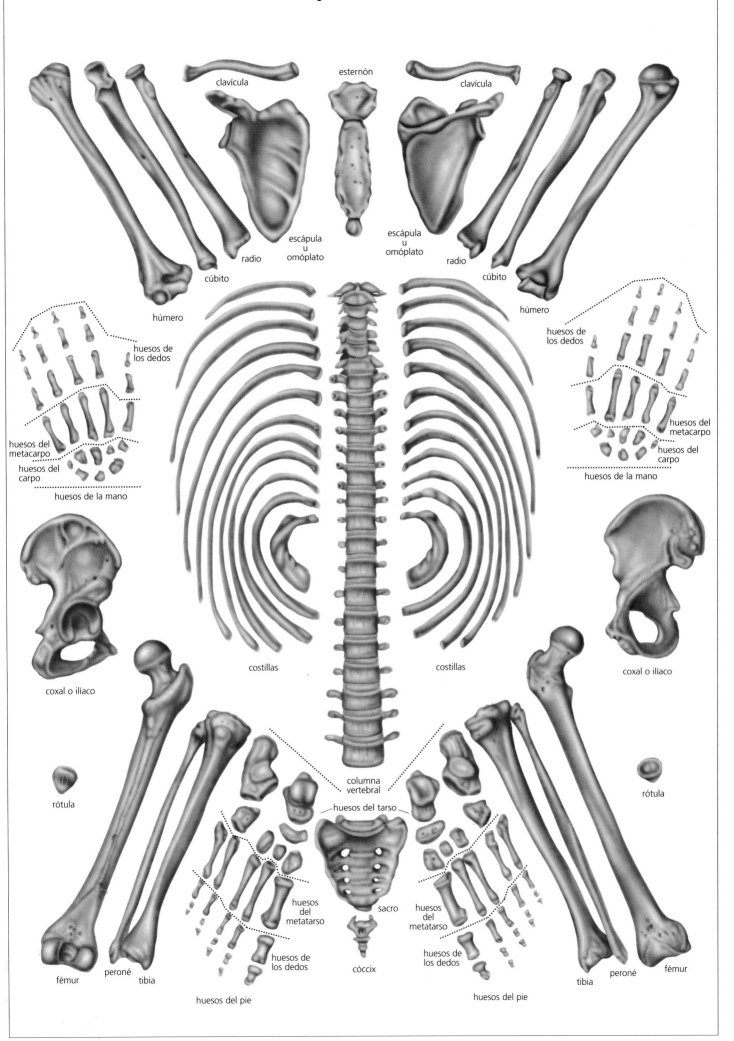

clavícula

esternón

clavícula

escápula u omóplato

radio

cúbito

húmero

huesos de los dedos

huesos del metacarpo

huesos del carpo

huesos de la mano

coxal o ilíaco

rótula

fémur

peroné

tibia

huesos del pie

costillas

columna vertebral

huesos del tarso

huesos del metatarso

huesos de los dedos

sacro

cóccix

escápula u omóplato

radio

cúbito

húmero

huesos de los dedos

huesos del metacarpo

huesos del carpo

huesos de la mano

coxal o ilíaco

rótula

fémur

tibia

peroné

huesos del metatarso

huesos de los dedos

huesos del pie

costillas

13

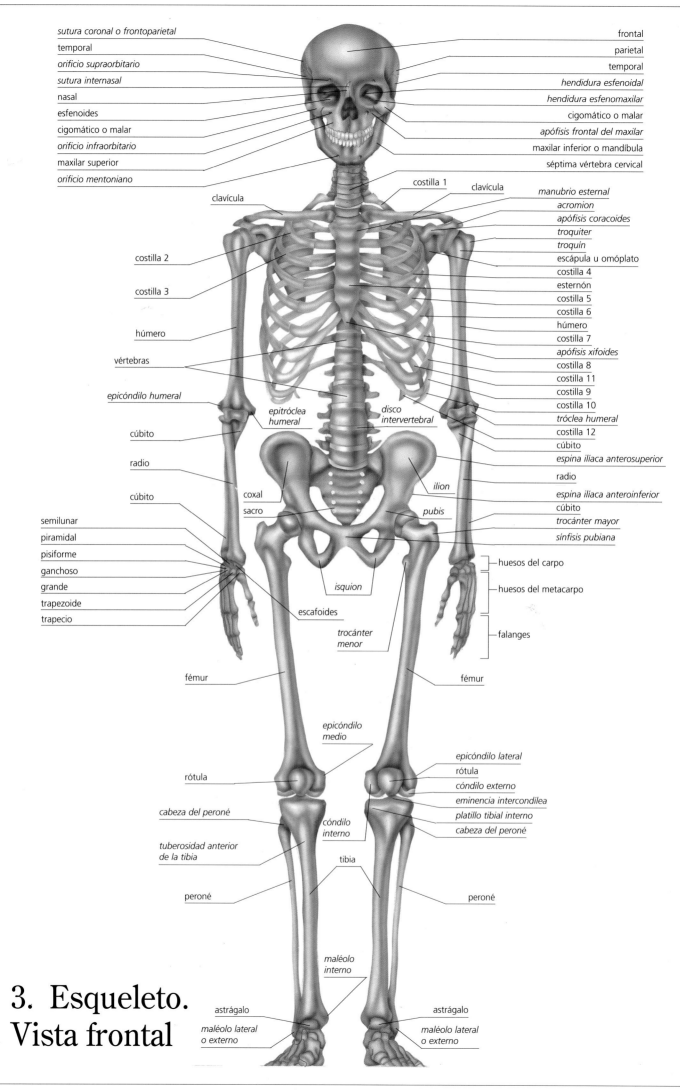

sutura coronal o frontoparietal

temporal

orificio supraorbitario

sutura internasal

nasal

esfenoides

cigomático o malar

orificio infraorbitario

maxilar superior

orificio mentoniano

frontal

parietal

temporal

hendidura esfenoidal

hendidura esfenomaxilar

cigomático o malar

apófisis frontal del maxilar

maxilar inferior o mandíbula

séptima vértebra cervical

clavícula

costilla 1

clavícula

manubrio esternal

acromion

apófisis coracoides

troquiter

troquín

escápula u omóplato

costilla 2

costilla 3

costilla 4

esternón

costilla 5

costilla 6

húmero

costilla 7

apófisis xifoides

costilla 8

costilla 11

costilla 9

costilla 10

tróclea humeral

costilla 12

cúbito

espina ilíaca anterosuperior

radio

espina ilíaca anteroinferior

cúbito

trocánter mayor

sínfisis pubiana

húmero

vértebras

epicóndilo humeral

epitróclea humeral

disco intervertebral

cúbito

radio

cúbito

semilunar

piramidal

pisiforme

ganchoso

grande

trapezoide

trapecio

coxal

sacro

ilion

pubis

isquion

escafoides

huesos del carpo

huesos del metacarpo

falanges

trocánter menor

fémur

fémur

epicóndilo medio

epicóndilo lateral

rótula

cóndilo externo

eminencia intercondílea

platillo tibial interno

cabeza del peroné

rótula

cabeza del peroné

cóndilo interno

tuberosidad anterior de la tibia

tibia

peroné

peroné

maléolo interno

astrágalo

maléolo lateral o externo

astrágalo

maléolo lateral o externo

3. Esqueleto. Vista frontal

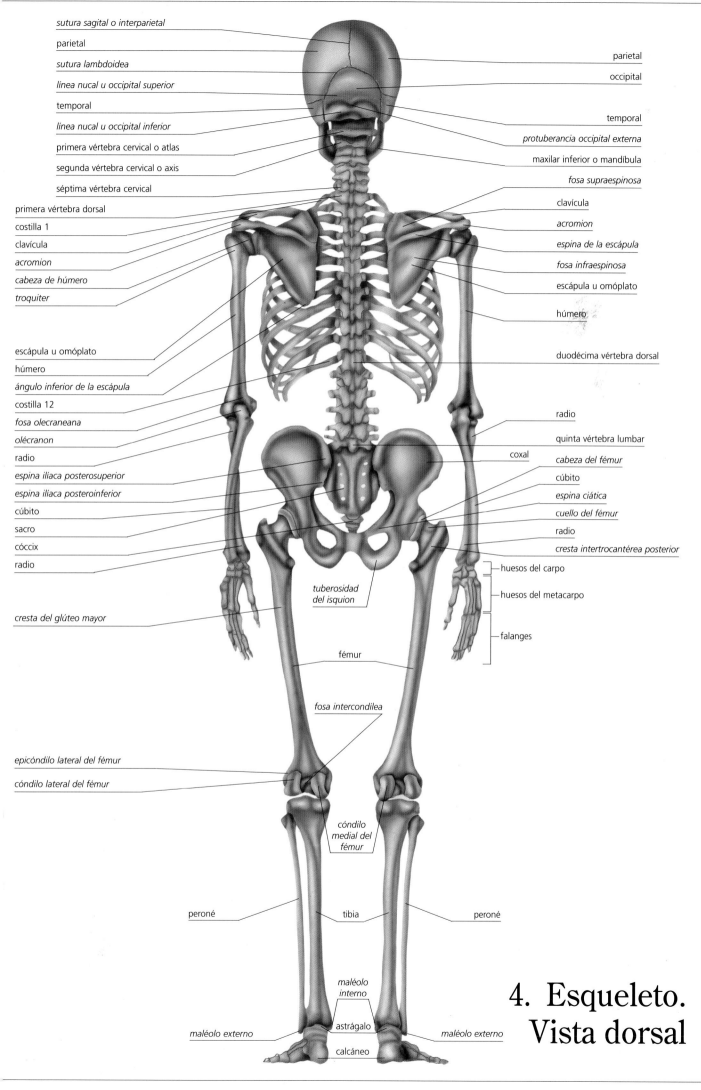

sutura sagital o interparietal

parietal

sutura lambdoidea

línea nucal u occipital superior

temporal

línea nucal u occipital inferior

primera vértebra cervical o atlas

segunda vértebra cervical o axis

séptima vértebra cervical

primera vértebra dorsal

costilla 1

clavícula

acromion

cabeza de húmero

troquiter

escápula u omóplato

húmero

ángulo inferior de la escápula

costilla 12

fosa olecraneana

olécranon

radio

espina ilíaca posterosuperior

espina ilíaca posteroinferior

cúbito

sacro

cóccix

radio

cresta del glúteo mayor

epicóndilo lateral del fémur

cóndilo lateral del fémur

peroné

parietal

occipital

temporal

protuberancia occipital externa

maxilar inferior o mandíbula

fosa supraespinosa

clavícula

acromion

espina de la escápula

fosa infraespinosa

escápula u omóplato

húmero

duodécima vértebra dorsal

radio

quinta vértebra lumbar

coxal

cabeza del fémur

cúbito

espina ciática

cuello del fémur

radio

cresta intertrocantérea posterior

huesos del carpo

huesos del metacarpo

falanges

tuberosidad del isquion

fémur

fosa intercondílea

cóndilo medial del fémur

tibia

peroné

maléolo interno

astrágalo

maléolo externo

maléolo externo

calcáneo

4. Esqueleto.
Vista dorsal

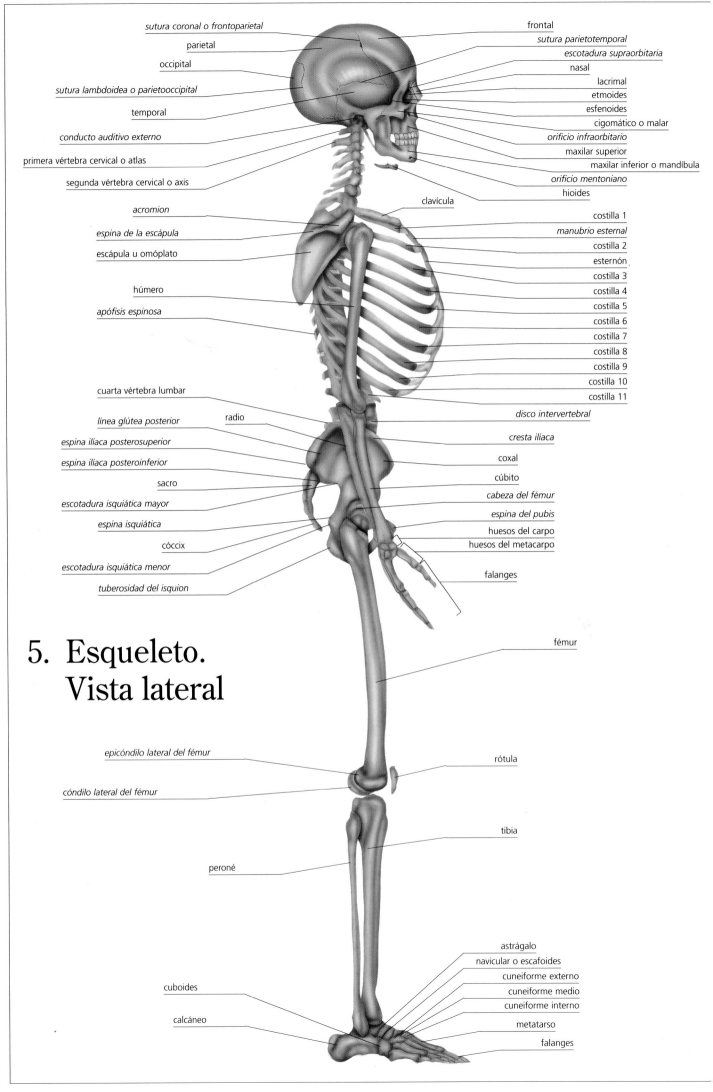

sutura coronal o frontoparietal

parietal

occipital

sutura lambdoidea o parietooccipital

temporal

conducto auditivo externo

primera vértebra cervical o atlas

segunda vértebra cervical o axis

acromion

espina de la escápula

escápula u omóplato

húmero

apófisis espinosa

cuarta vértebra lumbar

línea glútea posterior

espina ilíaca posterosuperior

espina ilíaca posteroinferior

sacro

escotadura isquiática mayor

espina isquiática

cóccix

escotadura isquiática menor

tuberosidad del isquion

frontal

sutura parietotemporal

escotadura supraorbitaria

nasal

lacrimal

etmoides

esfenoides

cigomático o malar

orificio infraorbitario

maxilar superior

maxilar inferior o mandíbula

orificio mentoniano

hioides

clavícula

costilla 1

manubrio esternal

costilla 2

esternón

costilla 3

costilla 4

costilla 5

costilla 6

costilla 7

costilla 8

costilla 9

costilla 10

costilla 11

disco intervertebral

cresta ilíaca

coxal

cúbito

cabeza del fémur

espina del pubis

huesos del carpo

huesos del metacarpo

falanges

radio

fémur

5. Esqueleto. Vista lateral

epicóndilo lateral del fémur

cóndilo lateral del fémur

rótula

tibia

peroné

astrágalo

navicular o escafoides

cuneiforme externo

cuneiforme medio

cuneiforme interno

metatarso

falanges

cuboides

calcáneo

6. El cráneo

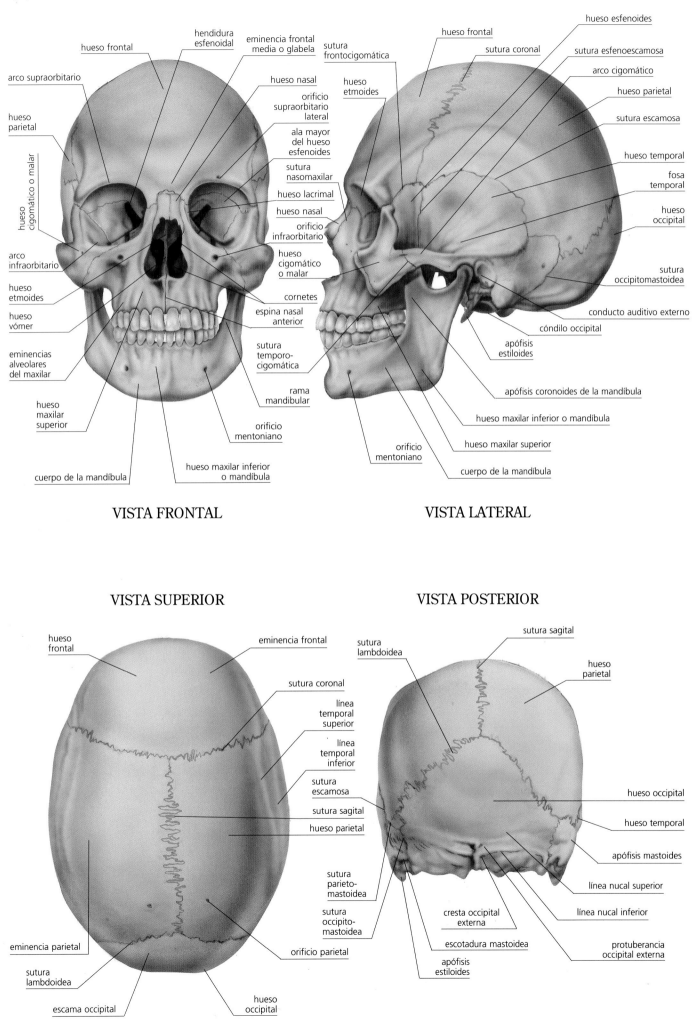

VISTA FRONTAL

hueso frontal
hendidura esfenoidal
eminencia frontal media o glabela
sutura frontocigomática
hueso etmoides
hueso esfenoides
sutura coronal
hueso frontal

arco supraorbitario
hueso parietal
hueso cigomático o malar
arco infraorbitario
hueso etmoides
hueso vómer
eminencias alveolares del maxilar
hueso maxilar superior
cuerpo de la mandíbula

hueso nasal
orificio supraorbitario lateral
ala mayor del hueso esfenoides
sutura nasomaxilar
hueso lacrimal
hueso nasal
orificio infraorbitario
hueso cigomático o malar
cornetes
espina nasal anterior
sutura temporo-cigomática
rama mandibular
orificio mentoniano
hueso maxilar inferior o mandíbula

VISTA LATERAL

sutura esfenoescamosa
arco cigomático
hueso parietal
sutura escamosa
hueso temporal
fosa temporal
hueso occipital
sutura occipitomastoidea
conducto auditivo externo
cóndilo occipital
apófisis estiloides
apófisis coronoides de la mandíbula
hueso maxilar inferior o mandíbula
hueso maxilar superior
cuerpo de la mandíbula
orificio mentoniano

VISTA SUPERIOR

hueso frontal
eminencia frontal
sutura coronal
línea temporal superior
línea temporal inferior
sutura escamosa
sutura sagital
hueso parietal
eminencia parietal
sutura lambdoidea
escama occipital
sutura parieto-mastoidea
sutura occipito-mastoidea
orificio parietal
hueso occipital

VISTA POSTERIOR

sutura lambdoidea
sutura sagital
hueso parietal
hueso occipital
hueso temporal
apófisis mastoides
línea nucal superior
línea nucal inferior
protuberancia occipital externa
cresta occipital externa
escotadura mastoidea
apófisis estiloides

7. Manos y pies

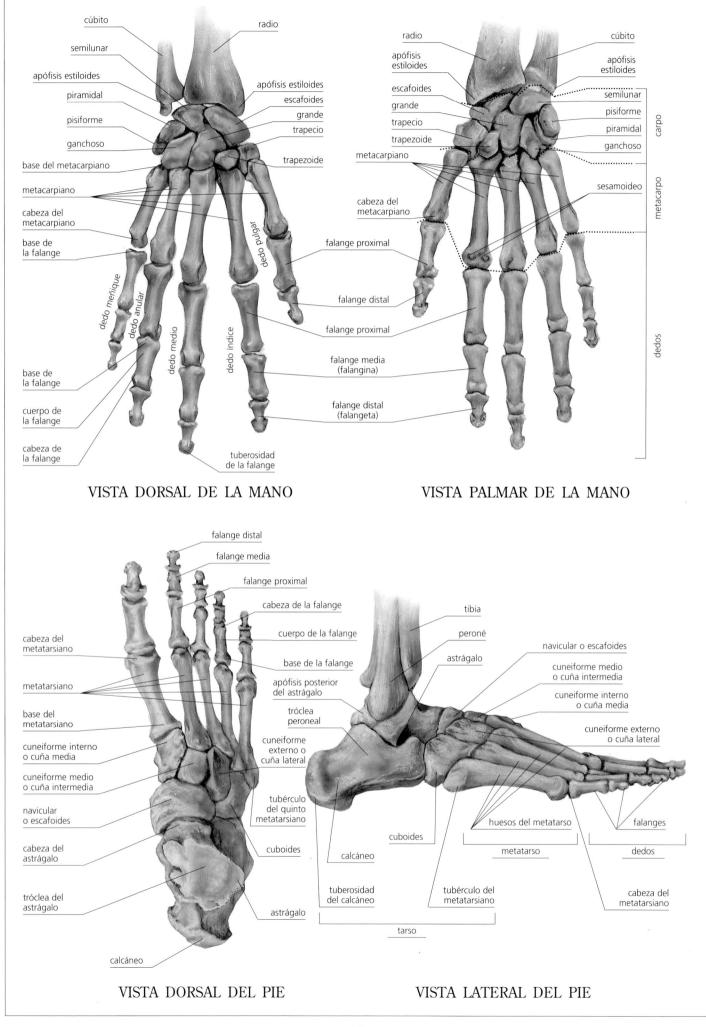

cúbito
semilunar
apófisis estiloides
piramidal
pisiforme
ganchoso
base del metacarpiano
metacarpiano
cabeza del metacarpiano
base de la falange
base de la falange
cuerpo de la falange
cabeza de la falange

radio
apófisis estiloides
escafoides
grande
trapecio
trapezoide
falange proximal
falange distal
falange proximal
falange media (falangina)
falange distal (falangeta)
tuberosidad de la falange

dedo meñique
dedo anular
dedo medio
dedo índice
dedo pulgar

VISTA DORSAL DE LA MANO

radio
apófisis estiloides
escafoides
grande
trapecio
trapezoide
metacarpiano
cabeza del metacarpiano

cúbito
apófisis estiloides
semilunar
pisiforme
piramidal
ganchoso
sesamoideo

carpo
metacarpo
dedos

VISTA PALMAR DE LA MANO

falange distal
falange media
falange proximal
cabeza de la falange
cuerpo de la falange
base de la falange
apófisis posterior del astrágalo
tróclea peroneal
cuneiforme externo o cuña lateral
tubérculo del quinto metatarsiano
cuboides

cabeza del metatarsiano
metatarsiano
base del metatarsiano
cuneiforme interno o cuña media
cuneiforme medio o cuña intermedia
navicular o escafoides
cabeza del astrágalo
tróclea del astrágalo
calcáneo

astrágalo

VISTA DORSAL DEL PIE

tibia
peroné
astrágalo
navicular o escafoides
cuneiforme medio o cuña intermedia
cuneiforme interno o cuña media
cuneiforme externo o cuña lateral
huesos del metatarso
falanges
cuboides
calcáneo
tuberosidad del calcáneo
tubérculo del metatarsiano
metatarso
dedos
cabeza del metatarsiano
tarso

VISTA LATERAL DEL PIE

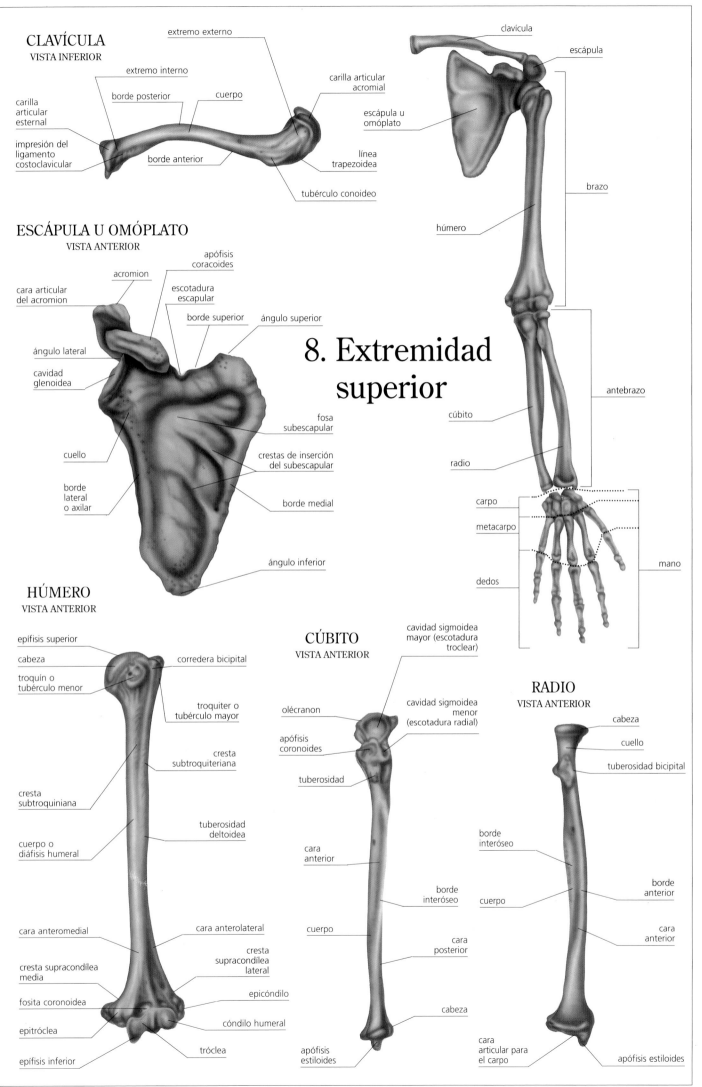

CLAVÍCULA
VISTA INFERIOR

extremo externo

extremo interno

borde posterior

cuerpo

carilla articular esternal

impresión del ligamento costoclavicular

borde anterior

carilla articular acromial

escápula u omóplato

línea trapezoidea

tubérculo conoideo

clavícula

escápula

brazo

húmero

ESCÁPULA U OMÓPLATO
VISTA ANTERIOR

acromion

apófisis coracoides

escotadura escapular

borde superior

ángulo superior

cara articular del acromion

ángulo lateral

cavidad glenoidea

cuello

borde lateral o axilar

fosa subescapular

crestas de inserción del subescapular

borde medial

ángulo inferior

8. Extremidad superior

antebrazo

cúbito

radio

carpo

metacarpo

mano

dedos

HÚMERO
VISTA ANTERIOR

epífisis superior

cabeza

troquín o tubérculo menor

corredera bicipital

troquiter o tubérculo mayor

cresta subtroquiteriana

cresta subtroquiniana

cuerpo o diáfisis humeral

tuberosidad deltoidea

cara anteromedial

cara anterolateral

cresta supracondílea media

cresta supracondílea lateral

fosita coronoidea

epicóndilo

epitróclea

cóndilo humeral

epífisis inferior

tróclea

CÚBITO
VISTA ANTERIOR

cavidad sigmoidea mayor (escotadura troclear)

cavidad sigmoidea menor (escotadura radial)

olécranon

apófisis coronoides

tuberosidad

cara anterior

borde interóseo

cuerpo

cara posterior

cabeza

apófisis estiloides

RADIO
VISTA ANTERIOR

cabeza

cuello

tuberosidad bicipital

borde interóseo

cuerpo

borde anterior

cara anterior

cara articular para el carpo

apófisis estiloides

9. Extremidad inferior

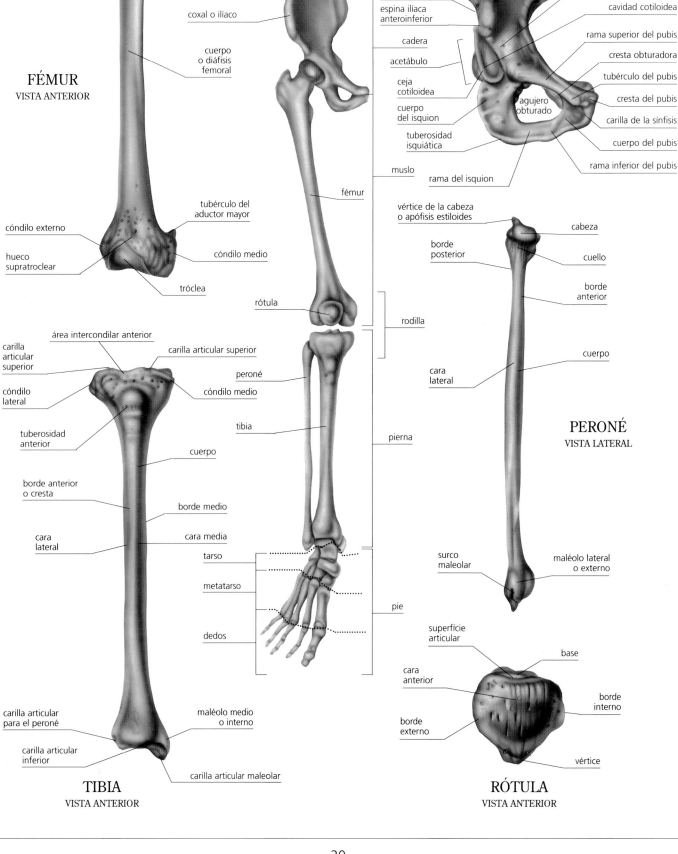

FÉMUR
VISTA ANTERIOR

- fosa trocantérica
- trocánter mayor
- cabeza
- cuello
- trocánter menor
- coxal o ilíaco
- cuerpo o diáfisis femoral
- cóndilo externo
- hueco supratroclear
- tróclea
- tubérculo del aductor mayor
- cóndilo medio

COXAL O ILÍACO
VISTA ANTERIOR

- cresta ilíaca
- tuberosidad ilíaca
- ala del ilion
- espina ilíaca anterosuperior
- cuerpo del ilion
- fosa ilíaca
- surco supraacetabular
- eminencia iliopúbica
- espina ilíaca anteroinferior
- cavidad cotiloidea
- cadera
- rama superior del pubis
- acetábulo
- cresta obturadora
- ceja cotiloidea
- tubérculo del pubis
- cuerpo del isquion
- cresta del pubis
- agujero obturado
- carilla de la sínfisis
- tuberosidad isquiática
- cuerpo del pubis
- rama inferior del pubis
- muslo
- rama del isquion

- fémur
- vértice de la cabeza o apófisis estiloides
- borde posterior
- cabeza
- cuello
- borde anterior
- rótula
- rodilla
- cuerpo
- cara lateral

PERONÉ
VISTA LATERAL

- área intercondilar anterior
- carilla articular superior
- carilla articular superior
- cóndilo lateral
- peroné
- cóndilo medio
- tuberosidad anterior
- tibia
- cuerpo
- pierna
- borde anterior o cresta
- borde medio
- cara lateral
- cara media
- tarso
- metatarso
- surco maleolar
- maléolo lateral o externo
- dedos
- pie
- superficie articular
- base
- cara anterior
- borde interno
- carilla articular para el peroné
- maléolo medio o interno
- borde externo
- carilla articular inferior
- vértice
- carilla articular maleolar

TIBIA
VISTA ANTERIOR

RÓTULA
VISTA ANTERIOR

10. La columna vertebral

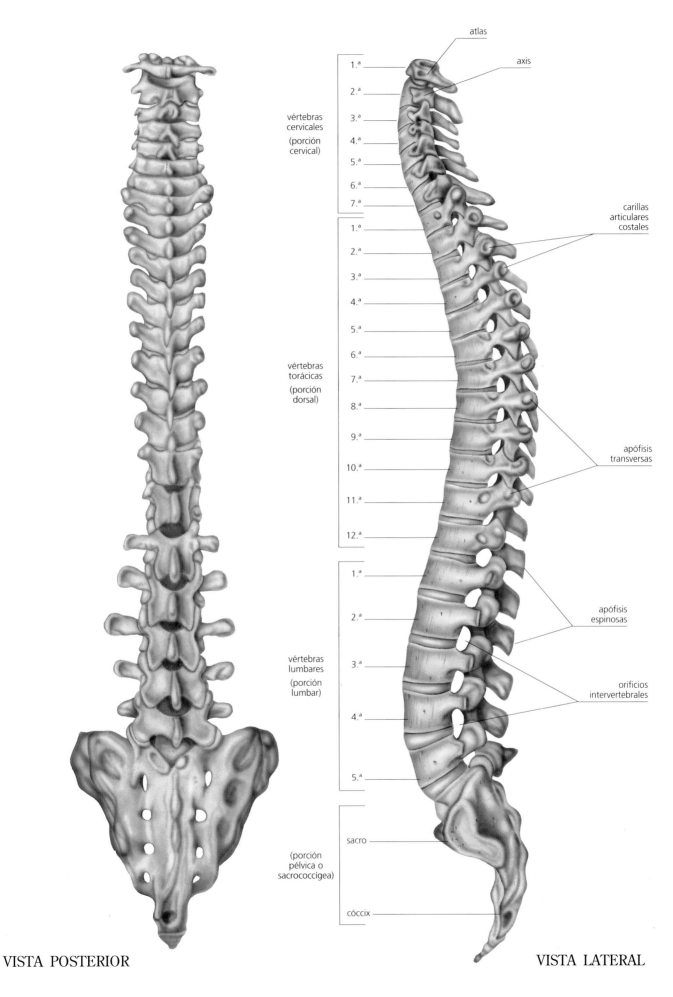

atlas

axis

1.ª
2.ª
3.ª
4.ª
5.ª
6.ª
7.ª

vértebras
cervicales
(porción
cervical)

carillas
articulares
costales

1.ª
2.ª
3.ª
4.ª
5.ª
6.ª
7.ª
8.ª
9.ª
10.ª
11.ª
12.ª

vértebras
torácicas
(porción
dorsal)

apófisis
transversas

1.ª
2.ª
3.ª
4.ª
5.ª

vértebras
lumbares
(porción
lumbar)

apófisis
espinosas

orificios
intervertebrales

sacro

(porción
pélvica o
sacrococcígea)

cóccix

VISTA POSTERIOR

VISTA LATERAL

11. Vértebras

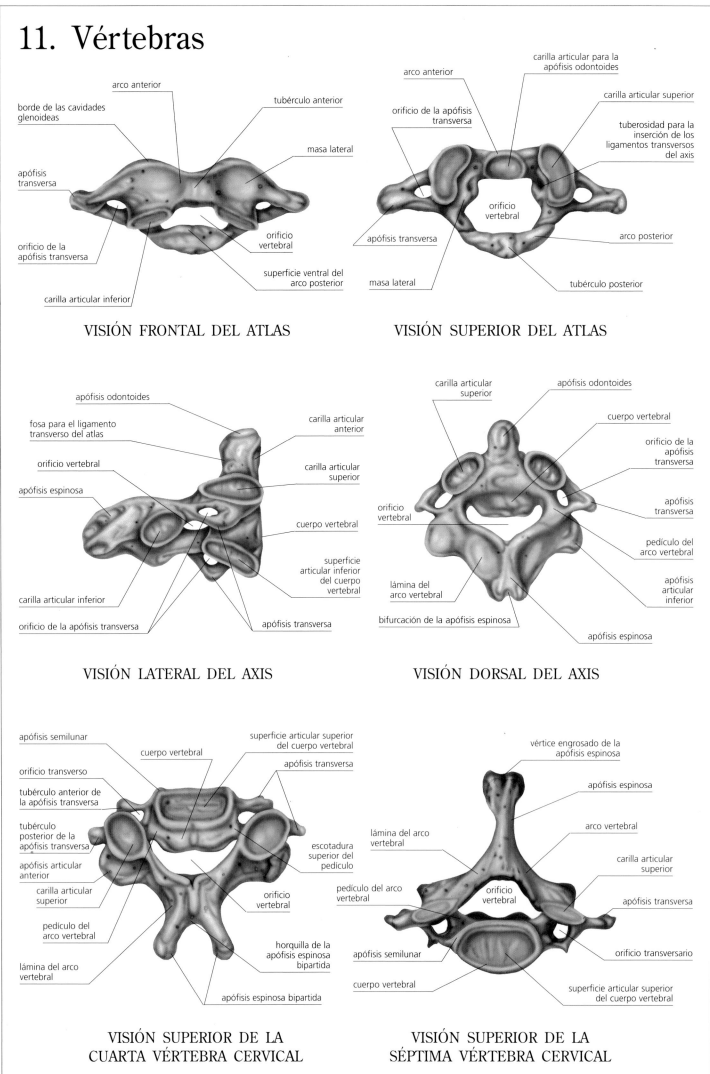

arco anterior

borde de las cavidades glenoideas

tubérculo anterior

masa lateral

apófisis transversa

orificio de la apófisis transversa

orificio vertebral

carilla articular inferior

superficie ventral del arco posterior

VISIÓN FRONTAL DEL ATLAS

arco anterior

carilla articular para la apófisis odontoides

orificio de la apófisis transversa

carilla articular superior

tuberosidad para la inserción de los ligamentos transversos del axis

apófisis transversa

orificio vertebral

arco posterior

masa lateral

tubérculo posterior

VISIÓN SUPERIOR DEL ATLAS

apófisis odontoides

fosa para el ligamento transverso del atlas

carilla articular anterior

orificio vertebral

carilla articular superior

apófisis espinosa

cuerpo vertebral

superficie articular inferior del cuerpo vertebral

carilla articular inferior

orificio de la apófisis transversa

apófisis transversa

VISIÓN LATERAL DEL AXIS

carilla articular superior

apófisis odontoides

cuerpo vertebral

orificio de la apófisis transversa

orificio vertebral

apófisis transversa

pedículo del arco vertebral

lámina del arco vertebral

apófisis articular inferior

bifurcación de la apófisis espinosa

apófisis espinosa

VISIÓN DORSAL DEL AXIS

apófisis semilunar

cuerpo vertebral

superficie articular superior del cuerpo vertebral

apófisis transversa

orificio transverso

tubérculo anterior de la apófisis transversa

tubérculo posterior de la apófisis transversa

escotadura superior del pedículo

apófisis articular anterior

carilla articular superior

orificio vertebral

pedículo del arco vertebral

horquilla de la apófisis espinosa bipartida

lámina del arco vertebral

apófisis espinosa bipartida

VISIÓN SUPERIOR DE LA CUARTA VÉRTEBRA CERVICAL

vértice engrosado de la apófisis espinosa

apófisis espinosa

lámina del arco vertebral

arco vertebral

carilla articular superior

pedículo del arco vertebral

orificio vertebral

apófisis transversa

apófisis semilunar

orificio transversario

cuerpo vertebral

superficie articular superior del cuerpo vertebral

VISIÓN SUPERIOR DE LA SÉPTIMA VÉRTEBRA CERVICAL

12. Vértebras

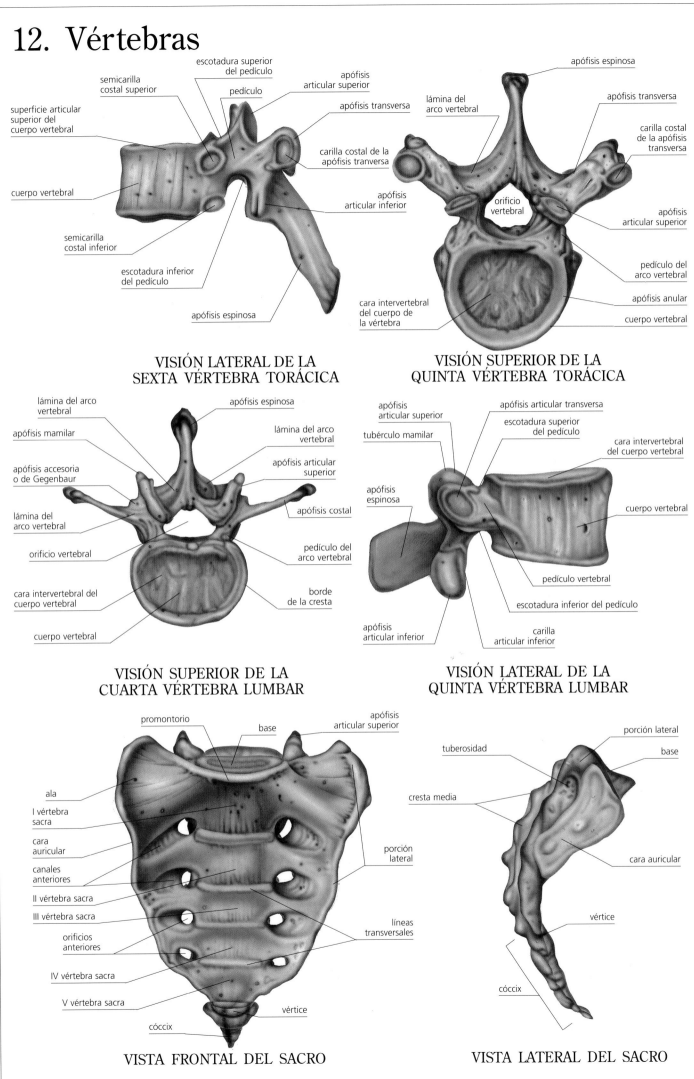

superficie articular
superior del
cuerpo vertebral

semicarilla
costal superior

escotadura superior
del pedículo

pedículo

apófisis
articular superior

apófisis transversa

carilla costal de la
apófisis tranversa

cuerpo vertebral

apófisis
articular inferior

semicarilla
costal inferior

escotadura inferior
del pedículo

apófisis espinosa

**VISIÓN LATERAL DE LA
SEXTA VÉRTEBRA TORÁCICA**

apófisis espinosa

lámina del
arco vertebral

apófisis transversa

carilla costal
de la apófisis
transversa

orificio
vertebral

apófisis
articular superior

pedículo del
arco vertebral

apófisis anular

cuerpo vertebral

cara intervertebral
del cuerpo de
la vértebra

**VISIÓN SUPERIOR DE LA
QUINTA VÉRTEBRA TORÁCICA**

lámina del arco
vertebral

apófisis mamilar

apófisis accesoria
o de Gegenbaur

lámina del
arco vertebral

orificio vertebral

cara intervertebral del
cuerpo vertebral

cuerpo vertebral

apófisis espinosa

lámina del arco
vertebral

apófisis articular
superior

apófisis costal

pedículo del
arco vertebral

borde
de la cresta

**VISIÓN SUPERIOR DE LA
CUARTA VÉRTEBRA LUMBAR**

apófisis
articular superior

tubérculo mamilar

apófisis
espinosa

apófisis
articular inferior

apófisis articular transversa

escotadura superior
del pedículo

cara intervertebral
del cuerpo vertebral

cuerpo vertebral

pedículo vertebral

escotadura inferior del pedículo

carilla
articular inferior

**VISIÓN LATERAL DE LA
QUINTA VÉRTEBRA LUMBAR**

promontorio

base

apófisis
articular superior

ala

I vértebra
sacra

cara
auricular

canales
anteriores

II vértebra sacra

III vértebra sacra

orificios
anteriores

IV vértebra sacra

V vértebra sacra

cóccix

vértice

porción
lateral

líneas
transversales

VISTA FRONTAL DEL SACRO

tuberosidad

cresta media

porción lateral

base

cara auricular

vértice

cóccix

VISTA LATERAL DEL SACRO

El sistema muscular

temporal

aponeurosis epicraneal
frontal
auricular superior
superciliar
auricular anterior
piramidal de la nariz
canino
orbicular de los labios
risorio de Santorini
borla del mentón
omohioideo
angular del omóplato
deltoides
pectoral mayor
coracobraquial
dorsal ancho
tríceps braquial
bíceps braquial
braquial anterior
tríceps braquial
braquial anterior
aponeurosis del bíceps braquial
supinador corto
tendón del bíceps braquial
supinador largo
radial externo
pronador redondo
palmar mayor
palmar menor
cubital anterior
flexor común superficial de los dedos
retináculo de los flexores
palmar cutáneo
abductor del meñique
interóseo dorsal de la mano
flexor común superficial de los dedos
vaina fibrosa de los dedos

orbicular de los párpados
elevador común del ala de la nariz y el labio superior
cigomático menor
cigomático mayor
masetero
elevador propio del labio superior
buccinador
triangular de los labios
depresor del labio inferior
trapecio
esternocleidomastoideo
esternocleidohioideo

tríceps braquial
serrato mayor
bíceps braquial
recto del abdomen
oblicuo mayor del abdomen
braquial anterior
supinador largo
supinador corto
flexor común profundo de los dedos
cubital anterior
glúteo mediano

flexor largo del pulgar
tensor de la fascia lata
flexor común superficial de los dedos
abductor largo del pulgar
ilíaco
sartorio
psoas mayor
pectíneo
aductor menor
recto anterior del muslo
aductor mediano
aductor mayor
vasto externo
vasto interno
tendón del recto anterior del muslo
ligamento rotuliano

arco crural

sartorio

tensor de la fascia lata
pectíneo
aductor menor
aductor mediano
aductor mayor
recto anterior del muslo
vasto externo
vasto interno
ligamento iliotibial
rótula
cabeza del peroné
tendón del sartorio
gemelo
tibial anterior

1. Músculos del cuerpo humano. Vista frontal

sóleo
extensor común de los dedos del pie
extensor propio del dedo gordo
peroneo anterior
interóseos dorsales del pie

sóleo

extensor común de los dedos del pie
peroneo lateral largo
peroneo lateral corto
extensor propio del dedo gordo
retináculo superior de los extensores
extensor común de los dedos del pie
tendón del peroneo anterior

24

2. Músculos del cuerpo humano. Vista dorsal

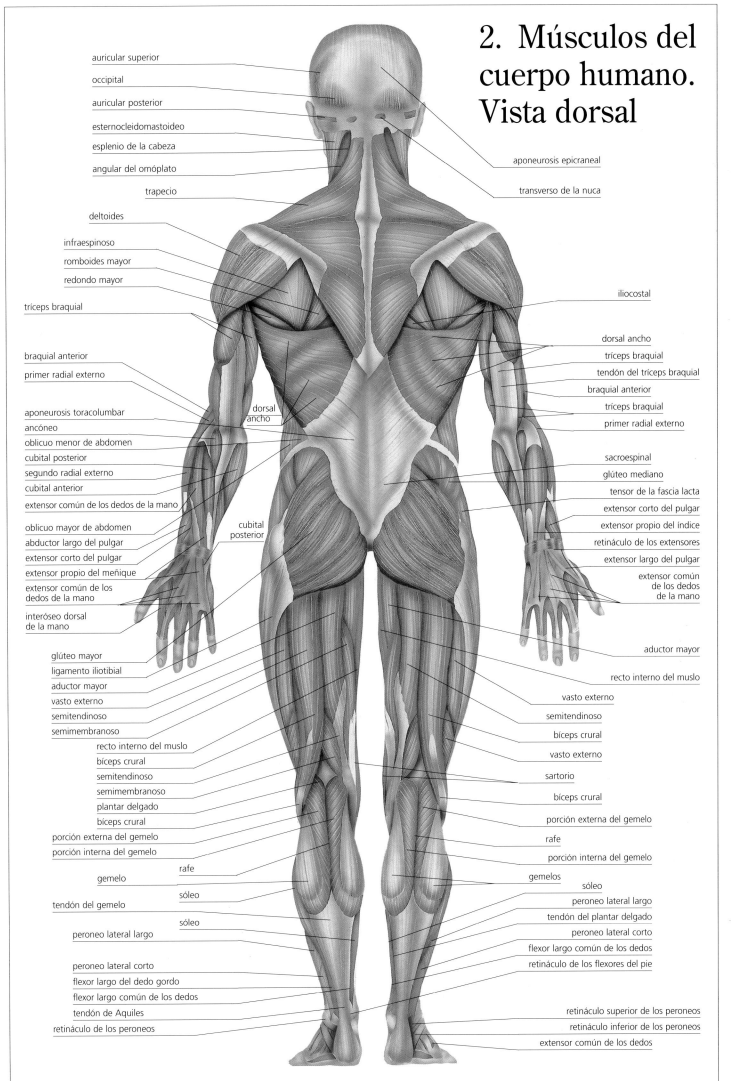

auricular superior

occipital

auricular posterior

esternocleidomastoideo

esplenio de la cabeza

angular del omóplato

trapecio

deltoides

infraespinoso

romboides mayor

redondo mayor

tríceps braquial

braquial anterior

primer radial externo

aponeurosis toracolumbar

ancóneo

oblicuo menor de abdomen

cubital posterior

segundo radial externo

cubital anterior

extensor común de los dedos de la mano

oblicuo mayor de abdomen

abductor largo del pulgar

extensor corto del pulgar

extensor propio del meñique

extensor común de los dedos de la mano

interóseo dorsal de la mano

glúteo mayor

ligamento iliotibial

aductor mayor

vasto externo

semitendinoso

semimembranoso

recto interno del muslo

bíceps crural

semitendinoso

semimembranoso

plantar delgado

bíceps crural

porción externa del gemelo

porción interna del gemelo

rafe

gemelo

sóleo

tendón del gemelo

sóleo

peroneo lateral largo

peroneo lateral corto

flexor largo del dedo gordo

flexor largo común de los dedos

tendón de Aquiles

retináculo de los peroneos

aponeurosis epicraneal

transverso de la nuca

iliocostal

dorsal ancho

tríceps braquial

tendón del tríceps braquial

braquial anterior

tríceps braquial

primer radial externo

sacroespinal

glúteo mediano

tensor de la fascia lacta

extensor corto del pulgar

extensor propio del índice

retináculo de los extensores

extensor largo del pulgar

extensor común de los dedos de la mano

aductor mayor

recto interno del muslo

vasto externo

semitendinoso

bíceps crural

vasto externo

sartorio

bíceps crural

porción externa del gemelo

rafe

porción interna del gemelo

gemelos

sóleo

peroneo lateral largo

tendón del plantar delgado

peroneo lateral corto

flexor largo común de los dedos

retináculo de los flexores del pie

retináculo superior de los peroneos

retináculo inferior de los peroneos

extensor común de los dedos

dorsal ancho

cubital posterior

temporal

occipital

auricular posterior

masetero

risorio de Santorini

esplenio de la cabeza

serrato

trapecio

elevador del omóplato

deltoides

infraespinoso

redondo menor

redondo mayor

cabeza larga del tríceps braquial

cabeza lateral del tríceps braquial

bíceps braquial

braquial anterior

tendón del tríceps braquial

cabeza media del tríceps braquial

extensor radial largo del carpo

ancóneo

extensor común de los dedos de la mano

glúteo mayor

tendones del extensor común de los dedos

abductor largo del pulgar

retináculo de los extensores

porción larga del bíceps crural

porción corta del bíceps crural

semimembranoso

plantar delgado

gemelo

frontal

orbicular de los párpados

cigomático mayor

orbicular de los labios

omohioideo

depresor del labio inferior

depresor del ángulo de la boca

esternocleidomastoideo

vientre inferior del omohioideo

pectoral mayor

serrato anterior

recto del abdomen

oblicuo mayor del abdomen

pronador redondo

braquiorradial

extensor radial corto del carpo

vaina del recto del abdomen

aponeurosis del oblicuo mayor del abdomen

sartorio

flexor largo del pulgar

extensor corto del pulgar

tendón del abductor largo del pulgar

tendón del extensor corto del pulgar

tendón del extensor largo del pulgar

aductor del pulgar

interóseos dorsales

recto anterior del muslo

vasto externo

vasto interno

ligamento rotuliano

peroneo lateral largo

tibial anterior

peroneo lateral corto

3. Músculos del cuerpo humano. Vista lateral

sóleo

tendón de Aquiles

retináculo de los peroneos

tendón del peroneo lateral corto

extensor largo de los dedos

tendón del músculo tibial anterior

extensor largo del dedo gordo

retináculo de los extensores

extensor corto de los dedos

tendón del peroneo anterior

extensor corto del dedo gordo

tendones del extensor largo de los dedos

4. Músculos de la cabeza

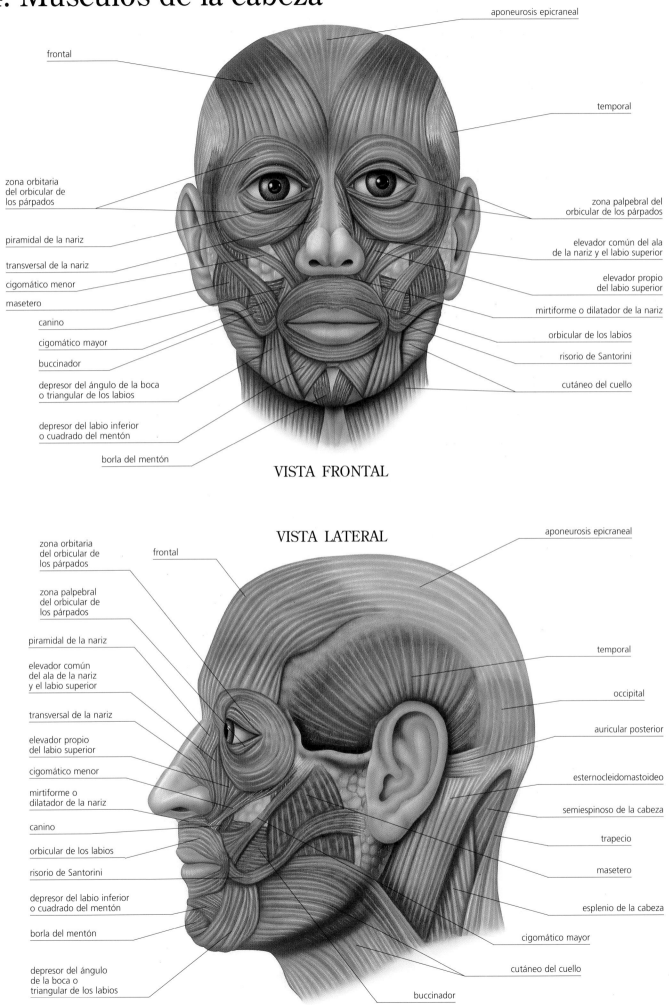

aponeurosis epicraneal

frontal

temporal

zona orbitaria
del orbicular de
los párpados

zona palpebral del
orbicular de los párpados

piramidal de la nariz

elevador común del ala
de la nariz y el labio superior

transversal de la nariz

elevador propio
del labio superior

cigomático menor

masetero

mirtiforme o dilatador de la nariz

canino

orbicular de los labios

cigomático mayor

risorio de Santorini

buccinador

depresor del ángulo de la boca
o triangular de los labios

cutáneo del cuello

depresor del labio inferior
o cuadrado del mentón

borla del mentón

VISTA FRONTAL

VISTA LATERAL

aponeurosis epicraneal

zona orbitaria
del orbicular de
los párpados

frontal

zona palpebral
del orbicular de
los párpados

piramidal de la nariz

temporal

elevador común
del ala de la nariz
y el labio superior

occipital

transversal de la nariz

auricular posterior

elevador propio
del labio superior

cigomático menor

esternocleidomastoideo

mirtiforme o
dilatador de la nariz

semiespinoso de la cabeza

canino

trapecio

orbicular de los labios

risorio de Santorini

masetero

depresor del labio inferior
o cuadrado del mentón

esplenio de la cabeza

borla del mentón

cigomático mayor

depresor del ángulo
de la boca o
triangular de los labios

cutáneo del cuello

buccinador

27

5. Manos y pies

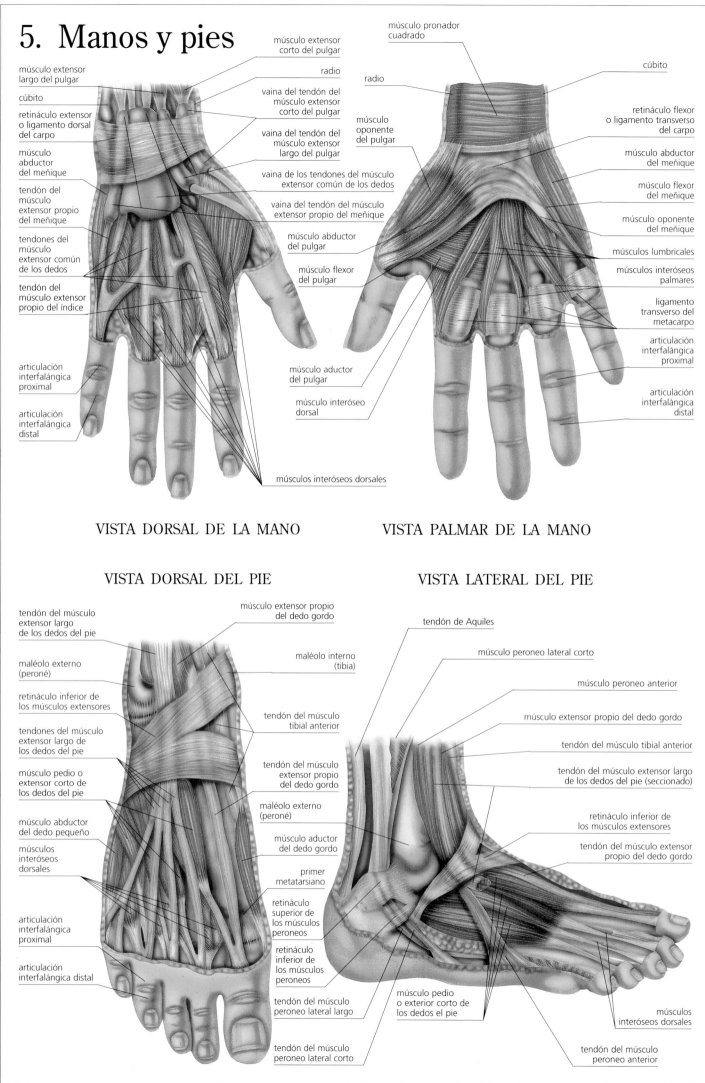

músculo extensor largo del pulgar

cúbito

retináculo extensor o ligamento dorsal del carpo

músculo abductor del meñique

tendón del músculo extensor propio del meñique

tendones del músculo extensor común de los dedos

tendón del músculo extensor propio del índice

articulación interfalángica proximal

articulación interfalángica distal

músculo extensor corto del pulgar

radio

vaina del tendón del músculo extensor corto del pulgar

vaina del tendón del músculo extensor largo del pulgar

vaina de los tendones del músculo extensor común de los dedos

vaina del tendón del músculo extensor propio del meñique

músculo abductor del pulgar

músculo flexor del pulgar

músculo aductor del pulgar

músculo interóseo dorsal

músculos interóseos dorsales

músculo pronador cuadrado

radio

músculo oponente del pulgar

cúbito

retináculo flexor o ligamento transverso del carpo

músculo abductor del meñique

músculo flexor del meñique

músculo oponente del meñique

músculos lumbricales

músculos interóseos palmares

ligamento transverso del metacarpo

articulación interfalángica proximal

articulación interfalángica distal

VISTA DORSAL DE LA MANO

VISTA PALMAR DE LA MANO

VISTA DORSAL DEL PIE

VISTA LATERAL DEL PIE

tendón del músculo extensor largo de los dedos del pie

maléolo externo (peroné)

retináculo inferior de los músculos extensores

tendones del músculo extensor largo de los dedos del pie

músculo pedio o extensor corto de los dedos del pie

músculo abductor del dedo pequeño

músculos interóseos dorsales

articulación interfalángica proximal

articulación interfalángica distal

músculo extensor propio del dedo gordo

maléolo interno (tibia)

tendón del músculo tibial anterior

tendón del músculo extensor propio del dedo gordo

maléolo externo (peroné)

músculo aductor del dedo gordo

primer metatarsiano

retináculo superior de los músculos peroneos

retináculo inferior de los músculos peroneos

tendón del músculo peroneo lateral largo

tendón del músculo peroneo lateral corto

tendón de Aquiles

músculo peroneo lateral corto

músculo peroneo anterior

músculo extensor propio del dedo gordo

tendón del músculo tibial anterior

tendón del músculo extensor largo de los dedos del pie (seccionado)

retináculo inferior de los músculos extensores

tendón del músculo extensor propio del dedo gordo

músculo pedio o exterior corto de los dedos el pie

músculos interóseos dorsales

tendón del músculo peroneo anterior

6. Tipos de músculos - El tejido muscular

FORMAS Y TIPOS DE MÚSCULOS

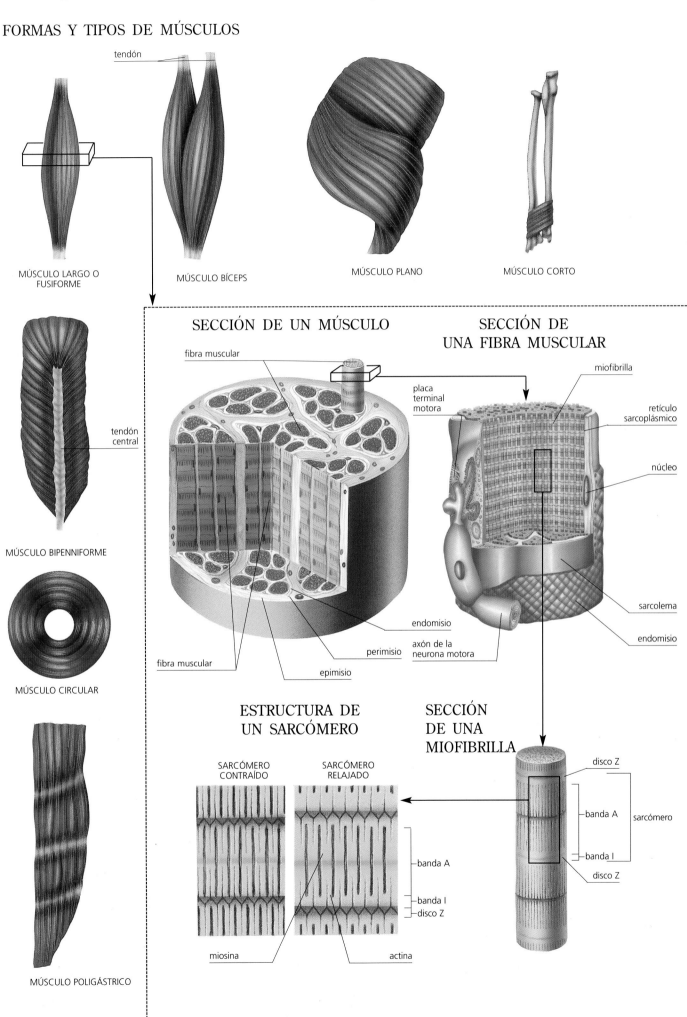

tendón

MÚSCULO LARGO O
FUSIFORME

MÚSCULO BÍCEPS

MÚSCULO PLANO

MÚSCULO CORTO

MÚSCULO BIPENNIFORME

tendón
central

MÚSCULO CIRCULAR

MÚSCULO POLIGÁSTRICO

SECCIÓN DE UN MÚSCULO

fibra muscular

placa
terminal
motora

endomisio

axón de la
neurona motora

fibra muscular

perimisio

epimisio

SECCIÓN DE UNA FIBRA MUSCULAR

miofibrilla

retículo
sarcoplásmico

núcleo

sarcolema

endomisio

ESTRUCTURA DE UN SARCÓMERO

SARCÓMERO
CONTRAÍDO

SARCÓMERO
RELAJADO

banda A

banda I
disco Z

miosina

actina

SECCIÓN DE UNA MIOFIBRILLA

disco Z

banda A

sarcómero

banda I

disco Z

7. Movimientos del antebrazo

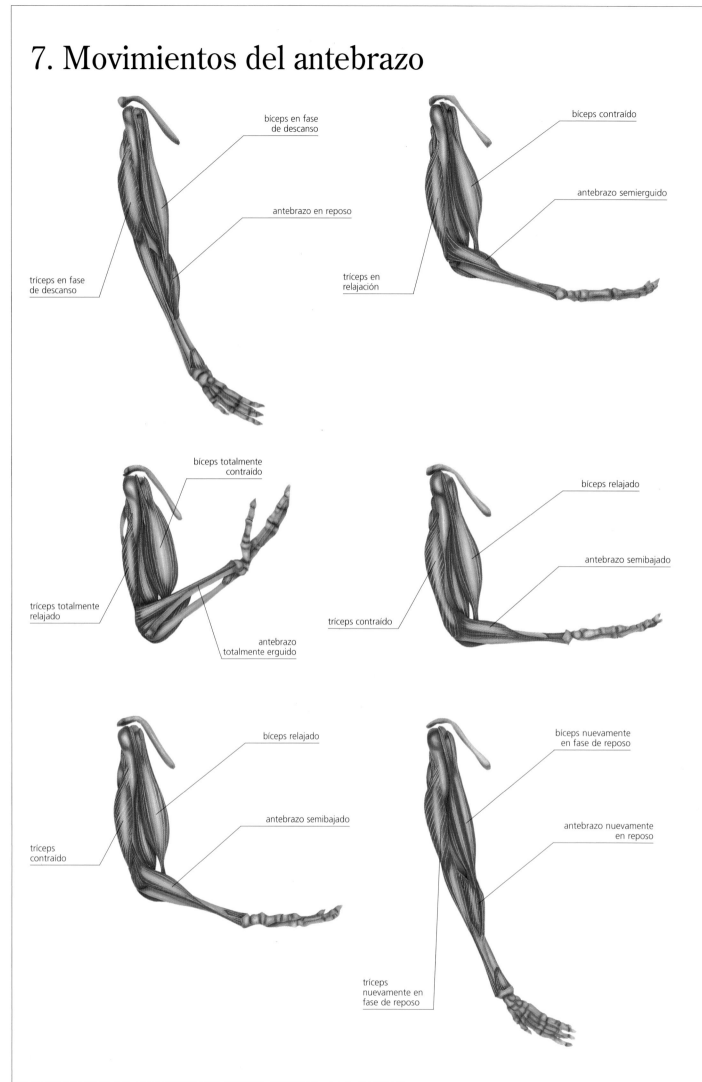

bíceps en fase
de descanso

antebrazo en reposo

tríceps en fase
de descanso

bíceps contraído

antebrazo semierguido

tríceps en
relajación

bíceps totalmente
contraído

tríceps totalmente
relajado

antebrazo
totalmente erguido

bíceps relajado

antebrazo semibajado

tríceps contraído

bíceps relajado

antebrazo semibajado

tríceps
contraído

bíceps nuevamente
en fase de reposo

antebrazo nuevamente
en reposo

tríceps
nuevamente en
fase de reposo

El aparato digestivo

1 La saliva segregada en la cavidad bucal inicia el proceso de la digestión.

cavidad nasal

hendidura bucal

vestíbulo bucal

dientes

maxilar inferior o mandíbula

tráquea

3 El hígado segrega la bilis imprescindible para la digestión de las grasas, sirve de depósito de vitaminas, de proteínas y de glucógeno, interviene en el metabolismo de los lípidos, sintetiza proteínas y convierte sustancias tóxicas en inocuas.

esófago

lóbulo izquierdo del hígado

cisura angular del estómago

ligamento falciforme

lóbulo derecho del hígado

hígado

vesícula biliar

4 La vesícula biliar almacena la bilis y, posteriormente, la vierte en el duodeno.

músculo del esfínter pilórico

duodeno

5 El jugo pancreático interviene en la digestión de todos los alimentos orgánicos.

pliegues duodenales

páncreas

colon ascendente

8 Durante todo el trayecto del intestino delgado tiene lugar la digestión y absorción de los nutrientes.

íleon

válvula íleocecal

orificio apendicular

apéndice vermiforme

íleon terminal

conducto anal

maxilar superior

cavidad bucal

lengua

úvula

porción oral de la faringe

epiglotis

porción laríngea de la faringe

1. Órganos y elementos del aparato digestivo y fases del proceso de digestión

cardias

2 Las glándulas de la mucosa del estómago segregan el jugo gástrico.

estómago

pliegues de la mucosa gástrica

6 En el duodeno se vierten los jugos pancreático, biliar e intestinal que digieren los alimentos y se absorben los nutrientes.

7 Los vasos sanguíneos y linfáticos recogen los nutrientes absorbidos.

peritoneo

tenia cólica

colon transverso

colon descendente

yeyuno

haustras del colon

9 En el colon finaliza el largo recorrido del bolo alimenticio y se forma la materia fecal.

intestino delgado

colon sigmoideo

recto

10 Por el recto y el ano se expulsan los detritus o residuos de todo el proceso digestivo.

ano

2. El estómago

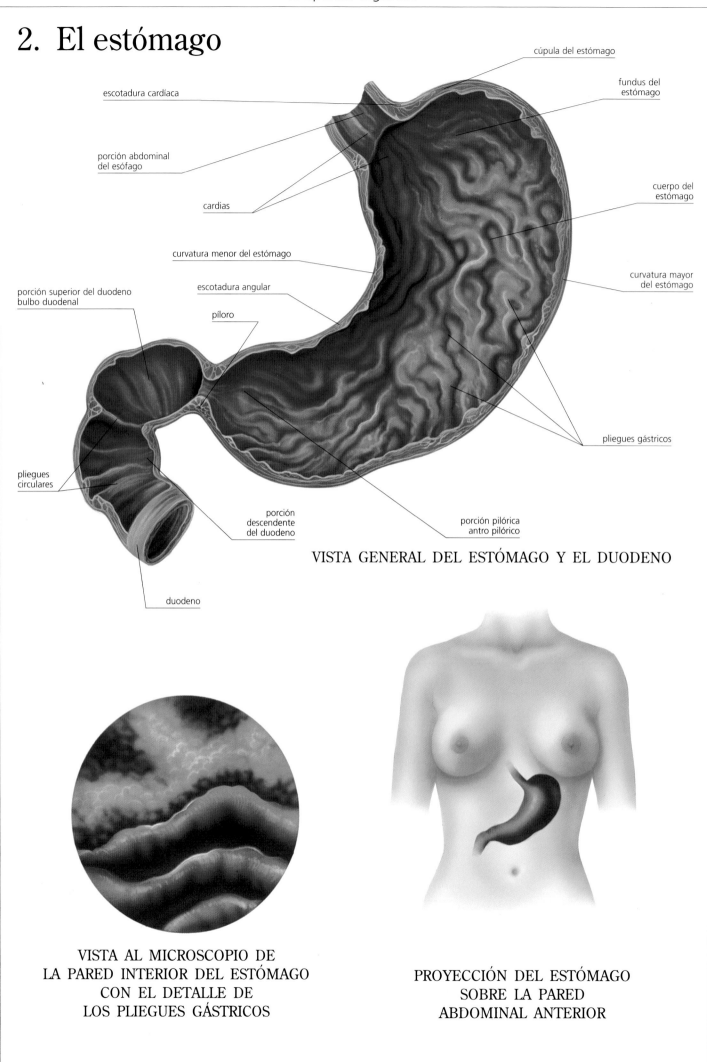

cúpula del estómago

fundus del estómago

escotadura cardíaca

porción abdominal del esófago

cardias

cuerpo del estómago

curvatura menor del estómago

curvatura mayor del estómago

porción superior del duodeno bulbo duodenal

escotadura angular

píloro

pliegues circulares

pliegues gástricos

porción descendente del duodeno

porción pilórica antro pilórico

duodeno

VISTA GENERAL DEL ESTÓMAGO Y EL DUODENO

VISTA AL MICROSCOPIO DE LA PARED INTERIOR DEL ESTÓMAGO CON EL DETALLE DE LOS PLIEGUES GÁSTRICOS

PROYECCIÓN DEL ESTÓMAGO SOBRE LA PARED ABDOMINAL ANTERIOR

3. El estómago

MUSCULATURA DEL ESTÓMAGO

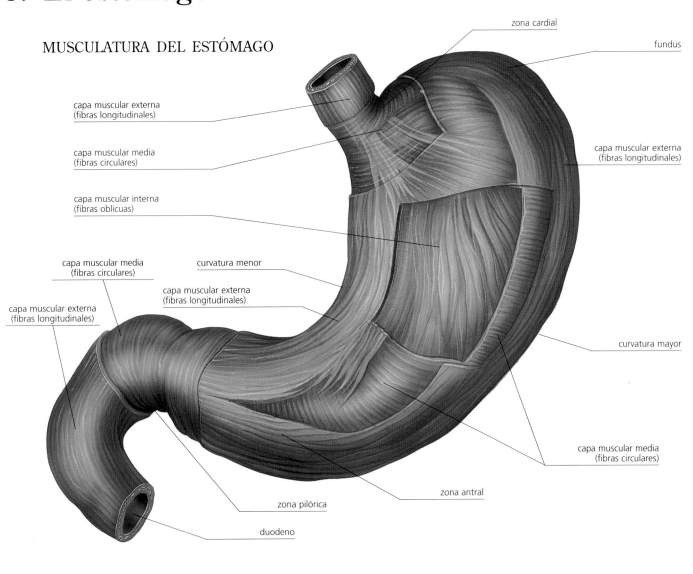

zona cardial

fundus

capa muscular externa
(fibras longitudinales)

capa muscular media
(fibras circulares)

capa muscular externa
(fibras longitudinales)

capa muscular interna
(fibras oblicuas)

capa muscular media
(fibras circulares)

curvatura menor

capa muscular externa
(fibras longitudinales)

capa muscular externa
(fibras longitudinales)

curvatura mayor

capa muscular media
(fibras circulares)

zona pilórica

zona antral

duodeno

SECCIÓN ESQUEMÁTICA DE LA PARED DEL ESTÓMAGO

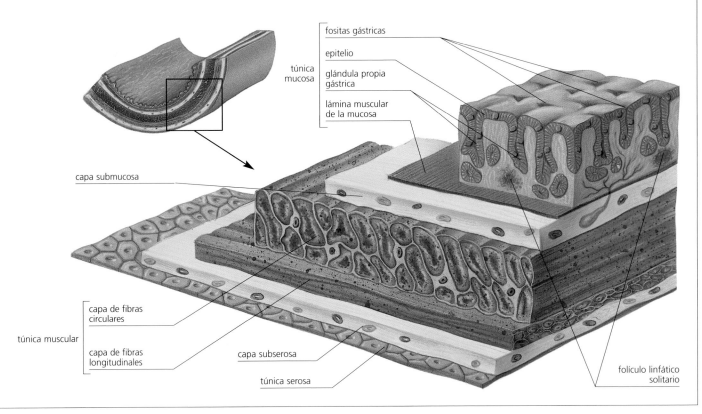

fositas gástricas

epitelio

túnica
mucosa

glándula propia
gástrica

lámina muscular
de la mucosa

capa submucosa

capa de fibras
circulares

túnica muscular

capa de fibras
longitudinales

capa subserosa

folículo linfático
solitario

túnica serosa

4. El duodeno y el páncreas

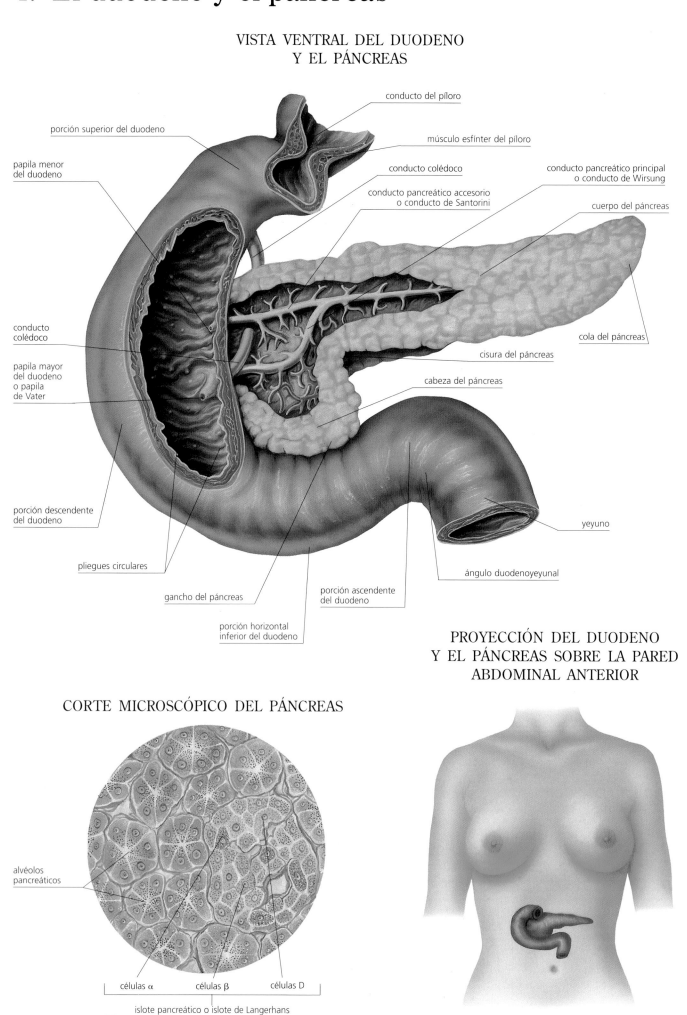

VISTA VENTRAL DEL DUODENO
Y EL PÁNCREAS

conducto del píloro

porción superior del duodeno

músculo esfínter del píloro

papila menor
del duodeno

conducto colédoco

conducto pancreático principal
o conducto de Wirsung

conducto pancreático accesorio
o conducto de Santorini

cuerpo del páncreas

conducto
colédoco

cola del páncreas

papila mayor
del duodeno
o papila
de Vater

cisura del páncreas

cabeza del páncreas

porción descendente
del duodeno

yeyuno

pliegues circulares

ángulo duodenoyeyunal

gancho del páncreas

porción ascendente
del duodeno

porción horizontal
inferior del duodeno

PROYECCIÓN DEL DUODENO
Y EL PÁNCREAS SOBRE LA PARED
ABDOMINAL ANTERIOR

CORTE MICROSCÓPICO DEL PÁNCREAS

alvéolos
pancreáticos

células α   células β   células D

islote pancreático o islote de Langerhans

5. El duodeno y el páncreas

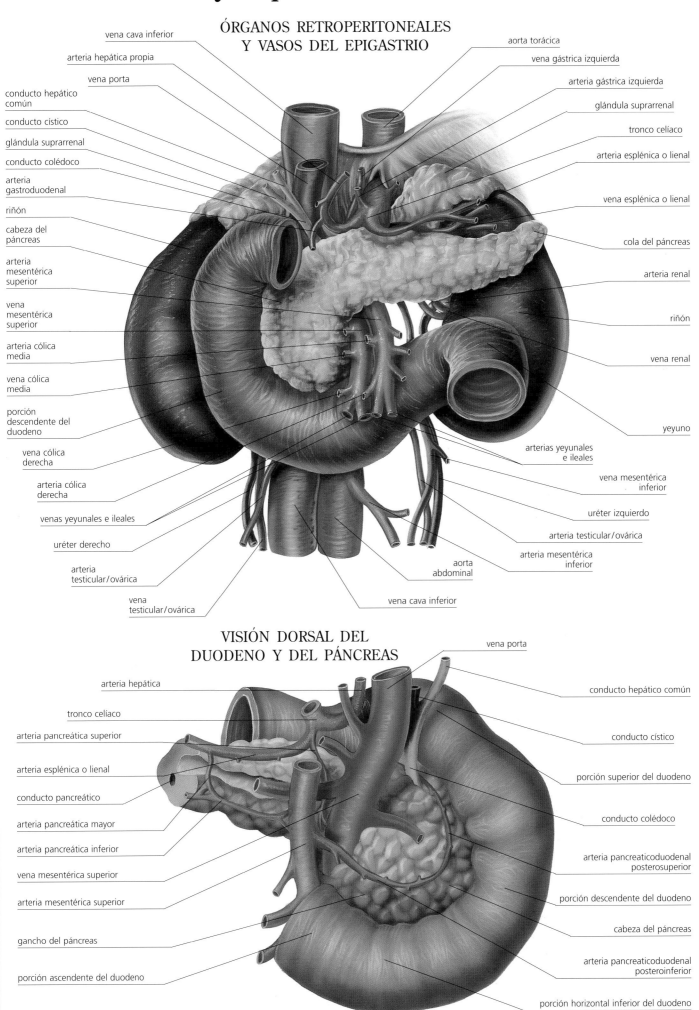

ÓRGANOS RETROPERITONEALES Y VASOS DEL EPIGASTRIO

vena cava inferior

arteria hepática propia

vena porta

conducto hepático común

conducto cístico

glándula suprarrenal

conducto colédoco

arteria gastroduodenal

riñón

cabeza del páncreas

arteria mesentérica superior

vena mesentérica superior

arteria cólica media

vena cólica media

porción descendente del duodeno

vena cólica derecha

arteria cólica derecha

venas yeyunales e ileales

uréter derecho

arteria testicular/ovárica

vena testicular/ovárica

aorta torácica

vena gástrica izquierda

arteria gástrica izquierda

glándula suprarrenal

tronco celíaco

arteria esplénica o lienal

vena esplénica o lienal

cola del páncreas

arteria renal

riñón

vena renal

yeyuno

arterias yeyunales e ileales

vena mesentérica inferior

uréter izquierdo

arteria testicular/ovárica

arteria mesentérica inferior

aorta abdominal

vena cava inferior

VISIÓN DORSAL DEL DUODENO Y DEL PÁNCREAS

vena porta

arteria hepática

tronco celíaco

arteria pancreática superior

arteria esplénica o lienal

conducto pancreático

arteria pancreática mayor

arteria pancreática inferior

vena mesentérica superior

arteria mesentérica superior

gancho del páncreas

porción ascendente del duodeno

conducto hepático común

conducto cístico

porción superior del duodeno

conducto colédoco

arteria pancreaticoduodenal posterosuperior

porción descendente del duodeno

cabeza del páncreas

arteria pancreaticoduodenal posteroinferior

porción horizontal inferior del duodeno

6. El hígado

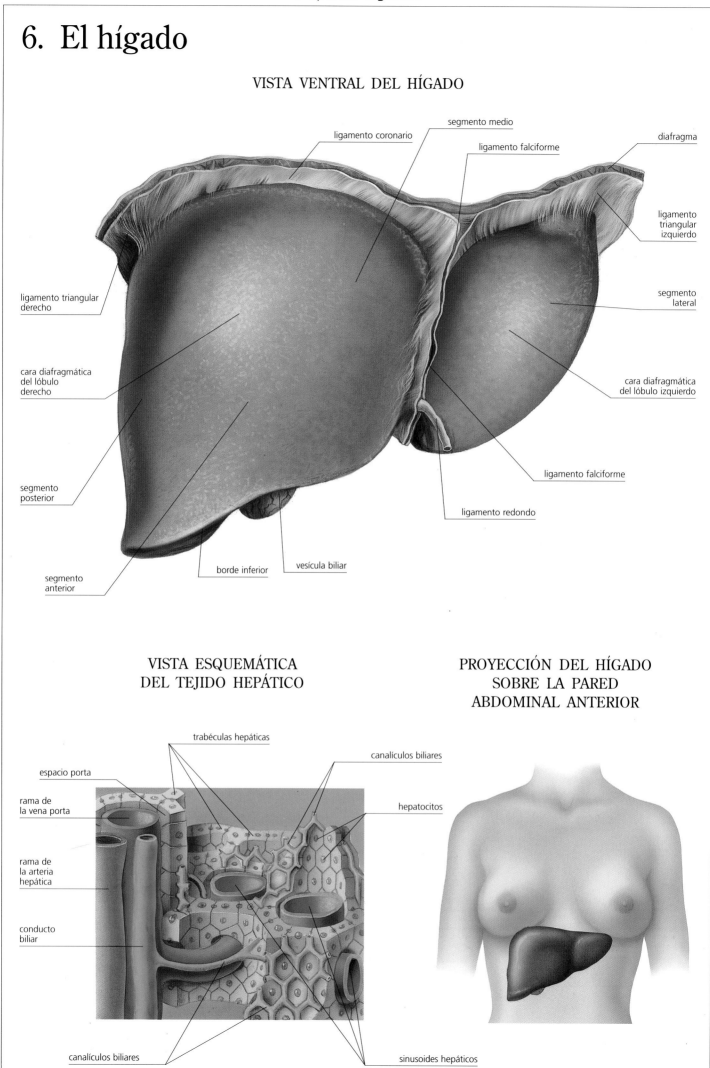

VISTA VENTRAL DEL HÍGADO

segmento medio

ligamento coronario

ligamento falciforme

diafragma

ligamento triangular izquierdo

ligamento triangular derecho

cara diafragmática del lóbulo derecho

segmento lateral

cara diafragmática del lóbulo izquierdo

segmento posterior

ligamento falciforme

ligamento redondo

segmento anterior

borde inferior

vesícula biliar

VISTA ESQUEMÁTICA
DEL TEJIDO HEPÁTICO

PROYECCIÓN DEL HÍGADO
SOBRE LA PARED
ABDOMINAL ANTERIOR

trabéculas hepáticas

canalículos biliares

espacio porta

rama de
la vena porta

hepatocitos

rama de
la arteria
hepática

conducto
biliar

canalículos biliares

sinusoides hepáticos

7. El hígado y la vesícula biliar

VISTA DORSAL DEL HÍGADO

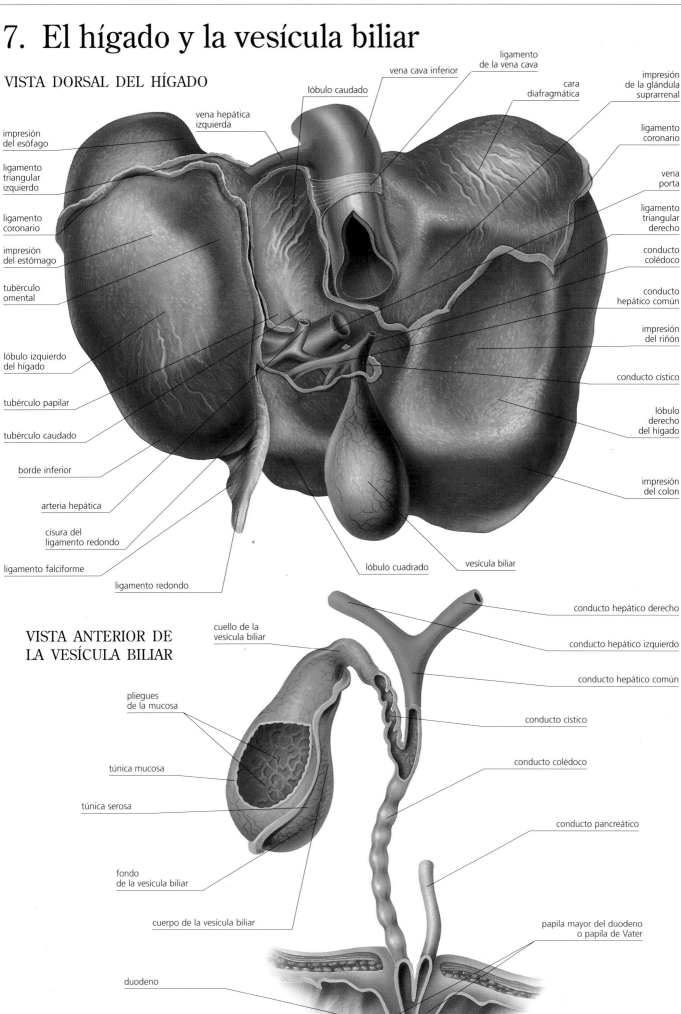

impresión del esófago

ligamento triangular izquierdo

ligamento coronario

impresión del estómago

tubérculo omental

lóbulo izquierdo del hígado

tubérculo papilar

tubérculo caudado

borde inferior

arteria hepática

cisura del ligamento redondo

ligamento falciforme

ligamento redondo

vena hepática izquierda

lóbulo caudado

vena cava inferior

ligamento de la vena cava

cara diafragmática

impresión de la glándula suprarrenal

ligamento coronario

vena porta

ligamento triangular derecho

conducto colédoco

conducto hepático común

impresión del riñón

conducto cístico

lóbulo derecho del hígado

impresión del colon

lóbulo cuadrado

vesícula biliar

VISTA ANTERIOR DE LA VESÍCULA BILIAR

pliegues de la mucosa

túnica mucosa

túnica serosa

fondo de la vesícula biliar

cuerpo de la vesícula biliar

duodeno

cuello de la vesícula biliar

conducto hepático derecho

conducto hepático izquierdo

conducto hepático común

conducto cístico

conducto colédoco

conducto pancreático

papila mayor del duodeno o papila de Vater

carúncula duodenal

8. El intestino delgado: yeyuno e íleon

VISIÓN VENTRAL DEL INTESTINO DELGADO
ENMARCADO POR EL INTESTINO GRUESO

PROYECCIÓN DEL
INTESTINO DELGADO
SOBRE LA PARED
ABDOMINAL ANTERIOR

SECCIÓN TRANSVERSAL
DEL INTESTINO DELGADO

SECCIÓN ESQUEMÁTICA DE
LA PARED DEL ÍLEON

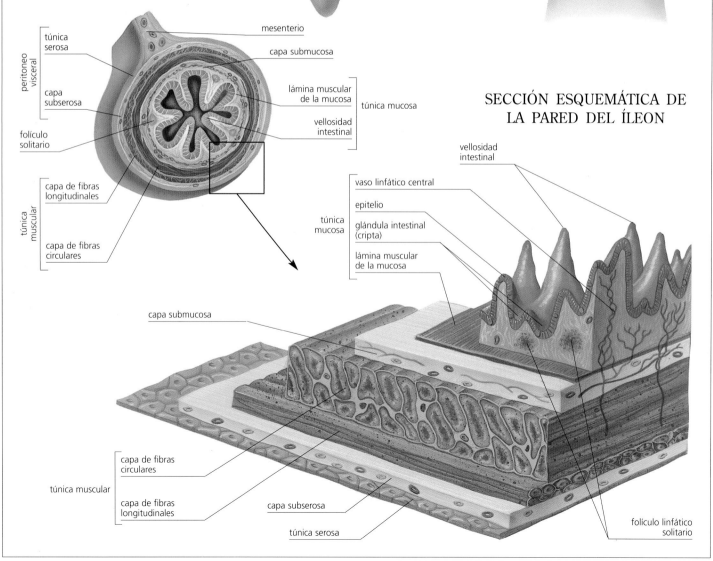

peritoneo visceral

túnica serosa

capa subserosa

folículo solitario

túnica muscular

capa de fibras longitudinales

capa de fibras circulares

mesenterio

capa submucosa

lámina muscular de la mucosa

túnica mucosa

vellosidad intestinal

vellosidad intestinal

vaso linfático central

epitelio

glándula intestinal (cripta)

lámina muscular de la mucosa

túnica mucosa

capa submucosa

túnica muscular

capa de fibras circulares

capa de fibras longitudinales

capa subserosa

túnica serosa

folículo linfático solitario

9. El intestino grueso o colon

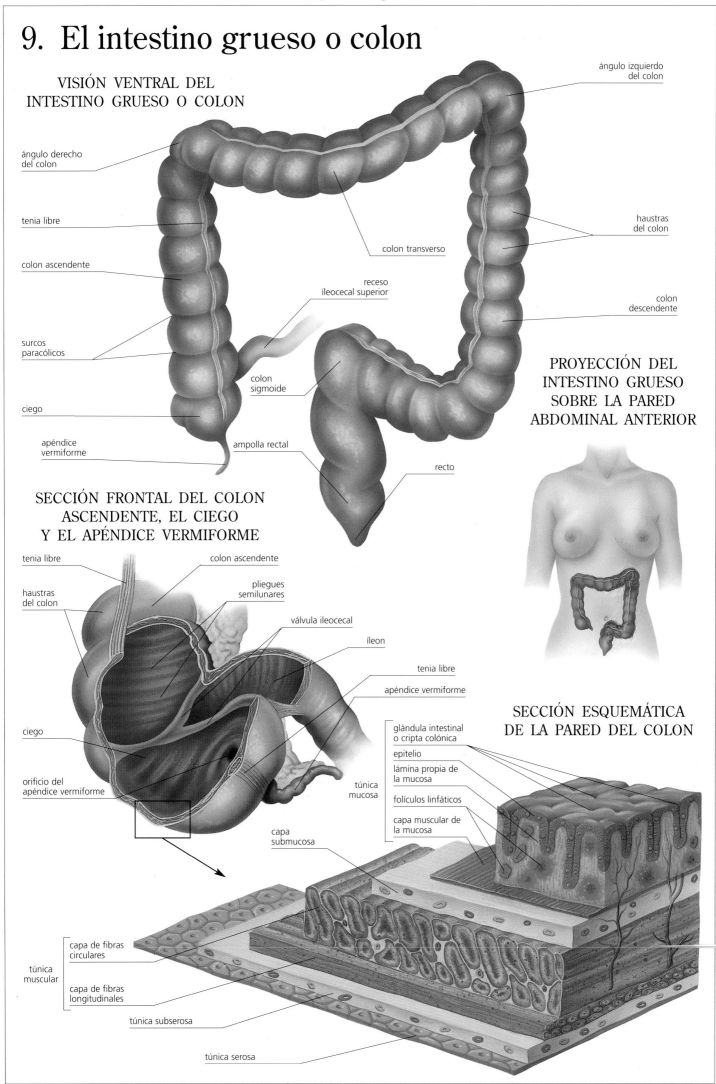

VISIÓN VENTRAL DEL INTESTINO GRUESO O COLON

ángulo izquierdo del colon

ángulo derecho del colon

tenia libre

haustras del colon

colon ascendente

colon transverso

receso íleocecal superior

colon descendente

surcos paracólicos

PROYECCIÓN DEL INTESTINO GRUESO SOBRE LA PARED ABDOMINAL ANTERIOR

colon sigmoide

ciego

apéndice vermiforme

ampolla rectal

recto

SECCIÓN FRONTAL DEL COLON ASCENDENTE, EL CIEGO Y EL APÉNDICE VERMIFORME

tenia libre

colon ascendente

pliegues semilunares

haustras del colon

válvula ileocecal

íleon

tenia libre

apéndice vermiforme

ciego

SECCIÓN ESQUEMÁTICA DE LA PARED DEL COLON

glándula intestinal o cripta colónica

epitelio

lámina propia de la mucosa

folículos linfáticos

capa muscular de la mucosa

orificio del apéndice vermiforme

túnica mucosa

capa submucosa

capa de fibras circulares

túnica muscular

capa de fibras longitudinales

túnica subserosa

túnica serosa

10. Los dientes

raíces de los dientes

situación de los dientes definitivos

dientes en la primera dentición

situación de los dientes definitivos

raíces de los dientes

situación de los dientes definitivos

huellas de la raíz de los dientes en el hueso maxilar superior

6 - 8 meses
8-12 meses
12-16 meses
15-20 meses
20-40 meses

TIEMPOS DE ERUPCIÓN

huellas de la raíz de los dientes en el hueso maxilar inferior o mandíbula

20-40 meses
15-20 meses
12-16 meses
8-12 meses
6 - 8 meses

PRIMERA DENTICIÓN

molares   caninos   incisivos   superiores   incisivos   caninos   molares

inferiores

CORTE LONGITUDINAL DE UN DIENTE INCISIVO

esmalte o sustancia adamantina

dentina

pulpa o cavidad central del diente

ligamento circular del diente

encía

epitelio plano

tejido conjuntivo

cemento dentario

SECCIÓN DE LA MANDÍBULA CON DIENTES MOLARES

esmalte

corona del diente

dentina

cavidad

cuello del diente

conducto radicular

ramificaciones arteriales, venosas y nerviosas

raíz del diente

masa ósea esponjosa

masa cortical

vena

arteria

nervio

músculos de la masticación

venas dentales inferiores

periodontio

hueso alveolar

conducto de la raíz del diente

nervio dental inferior

orificio de la raíz del diente

arteria dental inferior

canal mentoniano

hueso maxilar inferior

TIPOS DE DIENTE

vista superior

corona dentaria

cuello del diente

raíz

corona

cuello

raíz

INCISIVO (DE UNA RAÍZ)   CANINO (DE UNA RAÍZ)

vista superior

corona dentaria

cuello del diente

raíz

PREMOLAR (DE UNA RAÍZ)   MOLAR (DE TRIPLE RAÍZ)

11. Los dientes

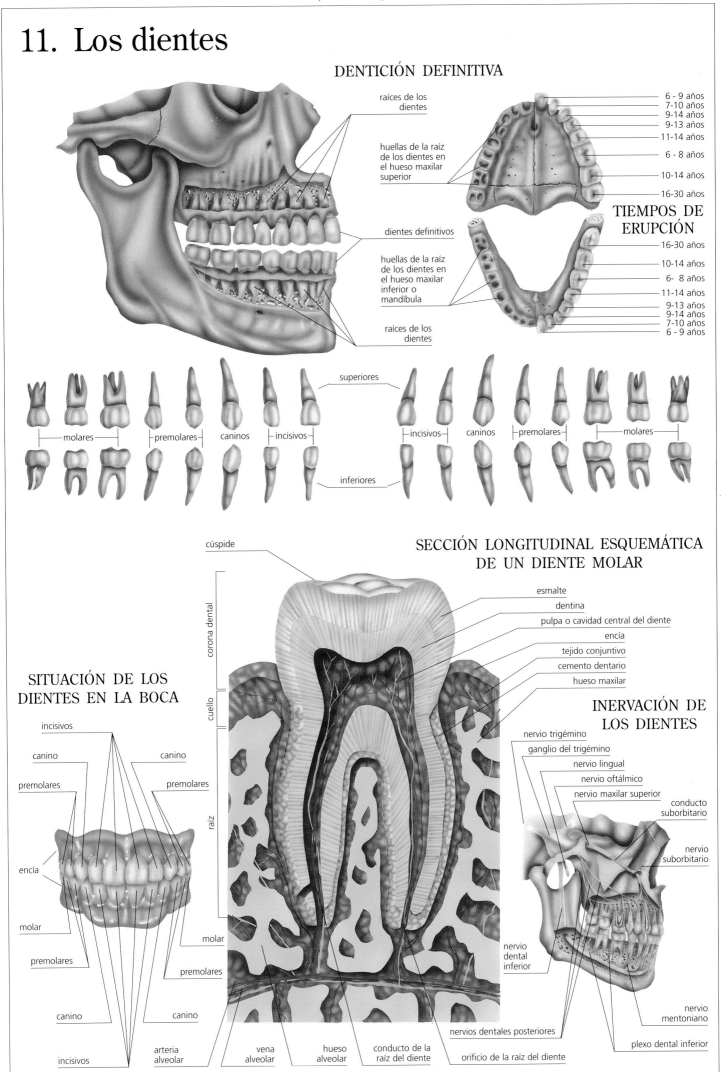

DENTICIÓN DEFINITIVA

raíces de los dientes

huellas de la raíz de los dientes en el hueso maxilar superior

dientes definitivos

huellas de la raíz de los dientes en el hueso maxilar inferior o mandíbula

raíces de los dientes

6 - 9 años
7-10 años
9-14 años
9-13 años
11-14 años
6 - 8 años
10-14 años
16-30 años

TIEMPOS DE ERUPCIÓN

16-30 años
10-14 años
6- 8 años
11-14 años
9-13 años
9-14 años
7-10 años
6 - 9 años

superiores

molares — premolares — caninos — incisivos —

— incisivos — caninos — premolares — molares —

inferiores

SECCIÓN LONGITUDINAL ESQUEMÁTICA DE UN DIENTE MOLAR

cúspide

corona dental

cuello

raíz

esmalte
dentina
pulpa o cavidad central del diente
encía
tejido conjuntivo
cemento dentario
hueso maxilar

SITUACIÓN DE LOS DIENTES EN LA BOCA

incisivos
canino
premolares
encía
molar
premolares
canino
incisivos

canino
premolares

molar
premolares
canino

arteria alveolar
vena alveolar
hueso alveolar
conducto de la raíz del diente
orificio de la raíz del diente
nervios dentales posteriores

INERVACIÓN DE LOS DIENTES

nervio trigémino
ganglio del trigémino
nervio lingual
nervio oftálmico
nervio maxilar superior
conducto suborbitario
nervio suborbitario

nervio dental inferior

nervio mentoniano
plexo dental inferior

El aparato respiratorio
1. Los pulmones y los bronquios

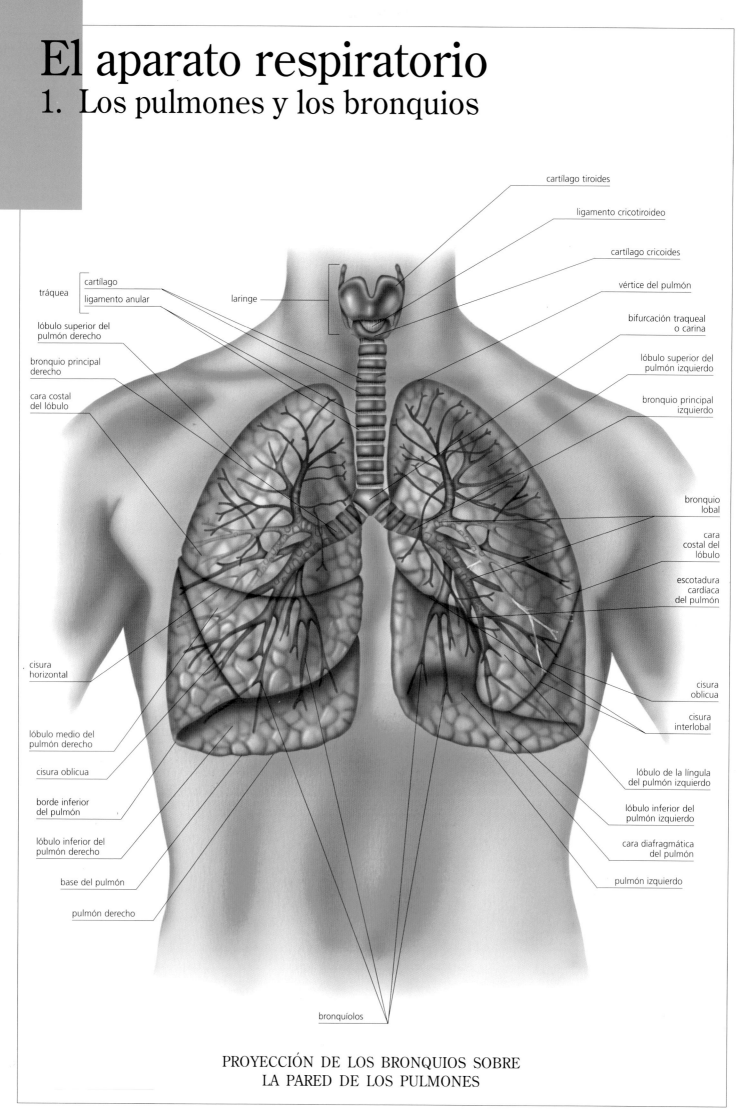

cartílago tiroides

ligamento cricotiroideo

cartílago cricoides

vértice del pulmón

bifurcación traqueal o carina

lóbulo superior del pulmón izquierdo

bronquio principal izquierdo

bronquio lobal

cara costal del lóbulo

escotadura cardíaca del pulmón

cisura oblicua

cisura interlobal

lóbulo de la língula del pulmón izquierdo

lóbulo inferior del pulmón izquierdo

cara diafragmática del pulmón

pulmón izquierdo

tráquea

cartílago

ligamento anular

laringe

lóbulo superior del pulmón derecho

bronquio principal derecho

cara costal del lóbulo

cisura horizontal

lóbulo medio del pulmón derecho

cisura oblicua

borde inferior del pulmón

lóbulo inferior del pulmón derecho

base del pulmón

pulmón derecho

bronquíolos

PROYECCIÓN DE LOS BRONQUIOS SOBRE
LA PARED DE LOS PULMONES

2. Esquema del árbol bronquial y sus segmentos

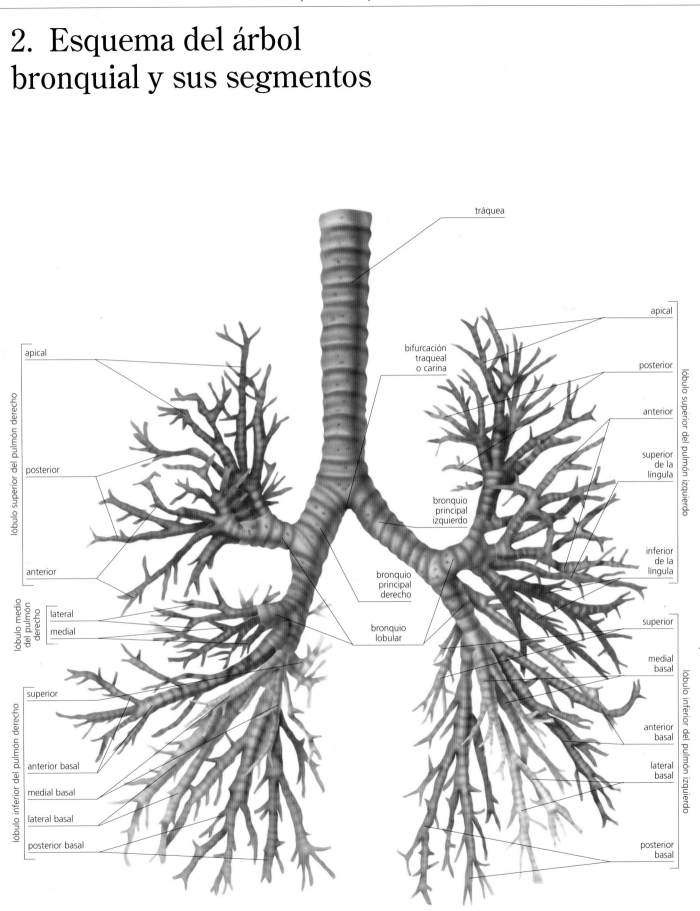

tráquea

apical

bifurcación traqueal o carina

posterior

lóbulo superior del pulmón derecho

apical

anterior

posterior

superior de la língula

anterior

bronquio principal izquierdo

lóbulo superior del pulmón izquierdo

lóbulo medio del pulmón derecho

lateral

medial

bronquio principal derecho

inferior de la língula

bronquio lobular

superior

medial basal

lóbulo inferior del pulmón izquierdo

superior

lóbulo inferior del pulmón derecho

anterior basal

medial basal

anterior basal

lateral basal

lateral basal

posterior basal

posterior basal

VISTA FRONTAL DE LA TRÁQUEA
Y LOS SEGMENTOS BRONQUIALES
IDENTIFICADOS POR COLORES

3. La laringe, la tráquea y los bronquios

VISTA FRONTAL DE LA LARINGE, LA TRÁQUEA Y LOS BRONQUIOS

SECCIÓN FRONTAL DE LA LARINGE

VISTA DORSAL DE LA LARINGE, LA TRÁQUEA Y LOS BRONQUIOS

SECCIÓN TRANSVERSAL DE LA TRÁQUEA

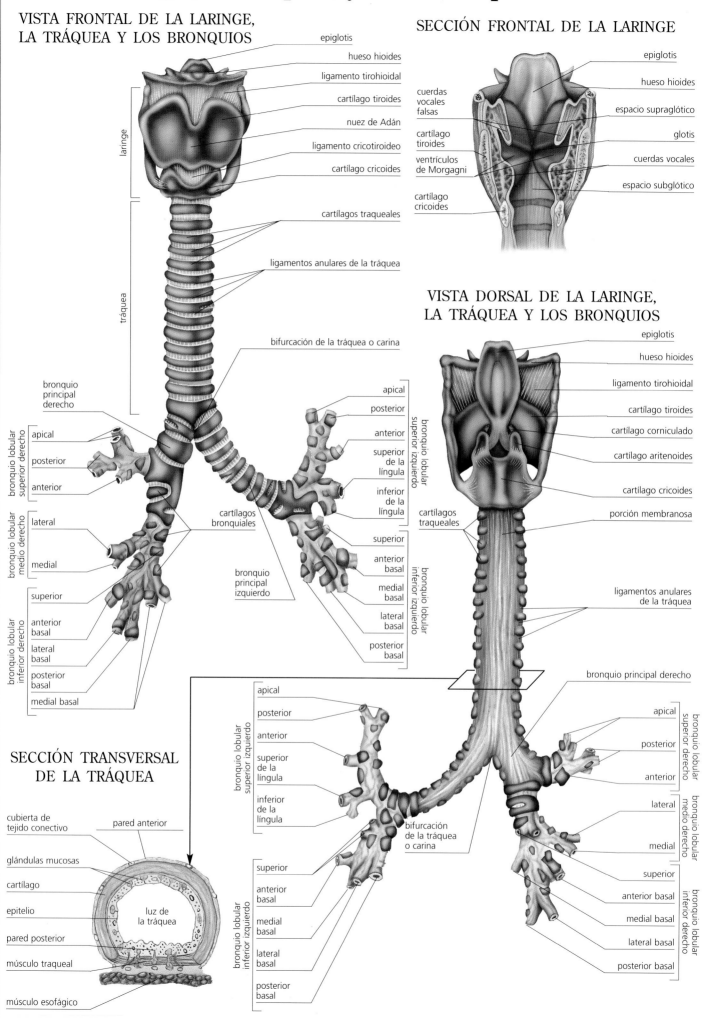

epiglotis
hueso hioides
ligamento tirohioidal
cartílago tiroides
nuez de Adán
ligamento cricotiroideo
cartílago cricoides
cartílagos traqueales
ligamentos anulares de la tráquea
bifurcación de la tráquea o carina

laringe
tráquea

bronquio principal derecho

bronquio lobular superior derecho
apical
posterior
anterior

bronquio lobular medio derecho
lateral
medial

bronquio lobular inferior derecho
superior
anterior basal
lateral basal
posterior basal
medial basal

cartílagos bronquiales

bronquio principal izquierdo

apical
posterior
anterior
superior de la língula
inferior de la língula
bronquio lobular superior izquierdo

superior
anterior basal
medial basal
lateral basal
posterior basal
bronquio lobular inferior izquierdo

cuerdas vocales falsas
cartílago tiroides
ventrículos de Morgagni
cartílago cricoides

epiglotis
hueso hioides
espacio supraglótico
glotis
cuerdas vocales
espacio subglótico

epiglotis
hueso hioides
ligamento tirohioidal
cartílago tiroides
cartílago corniculado
cartílago aritenoides
cartílago cricoides
porción membranosa

cartílagos traqueales

ligamentos anulares de la tráquea

bronquio principal derecho

apical
posterior
anterior
bronquio lobular superior derecho

lateral
medial
bronquio lobular medio derecho

superior
anterior basal
medial basal
lateral basal
posterior basal
bronquio lobular inferior derecho

apical
posterior
anterior
superior de la língula
inferior de la língula
bronquio lobular superior izquierdo

superior
anterior basal
medial basal
lateral basal
posterior basal
bronquio lobular inferior izquierdo

bifurcación de la tráquea o carina

cubierta de tejido conectivo
pared anterior
glándulas mucosas
cartílago
epitelio
luz de la tráquea
pared posterior
músculo traqueal
músculo esofágico

4. La respiración. Elementos y mecanismo

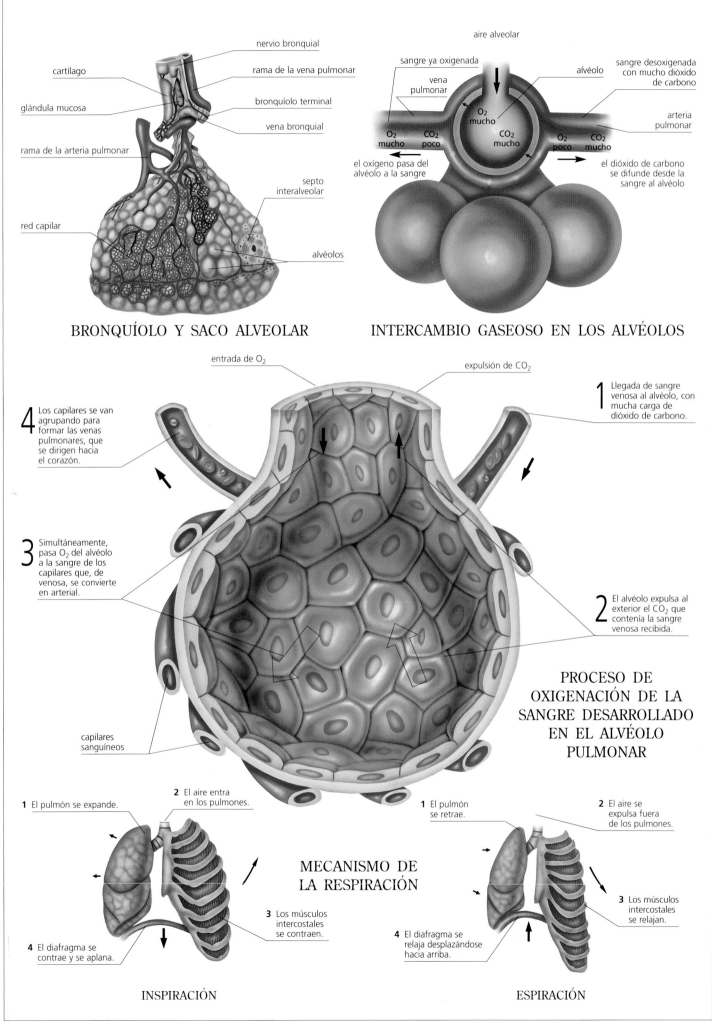

nervio bronquial

cartílago

rama de la vena pulmonar

glándula mucosa

bronquíolo terminal

vena bronquial

rama de la arteria pulmonar

septo interalveolar

red capilar

alvéolos

BRONQUÍOLO Y SACO ALVEOLAR

aire alveolar

sangre ya oxigenada

alvéolo

sangre desoxigenada con mucho dióxido de carbono

vena pulmonar

arteria pulmonar

O_2 mucho

CO_2 mucho

O_2 mucho

CO_2 poco

O_2 poco

CO_2 mucho

el oxígeno pasa del alvéolo a la sangre

el dióxido de carbono se difunde desde la sangre al alvéolo

INTERCAMBIO GASEOSO EN LOS ALVÉOLOS

entrada de O_2

expulsión de CO_2

4 Los capilares se van agrupando para formar las venas pulmonares, que se dirigen hacia el corazón.

1 Llegada de sangre venosa al alvéolo, con mucha carga de dióxido de carbono.

3 Simultáneamente, pasa O_2 del alvéolo a la sangre de los capilares que, de venosa, se convierte en arterial.

2 El alvéolo expulsa al exterior el CO_2 que contenía la sangre venosa recibida.

capilares sanguíneos

PROCESO DE OXIGENACIÓN DE LA SANGRE DESARROLLADO EN EL ALVÉOLO PULMONAR

1 El pulmón se expande.

2 El aire entra en los pulmones.

1 El pulmón se retrae.

2 El aire se expulsa fuera de los pulmones.

MECANISMO DE LA RESPIRACIÓN

3 Los músculos intercostales se contraen.

3 Los músculos intercostales se relajan.

4 El diafragma se contrae y se aplana.

4 El diafragma se relaja desplazándose hacia arriba.

INSPIRACIÓN

ESPIRACIÓN

El sistema circulatorio
1. Las arterias

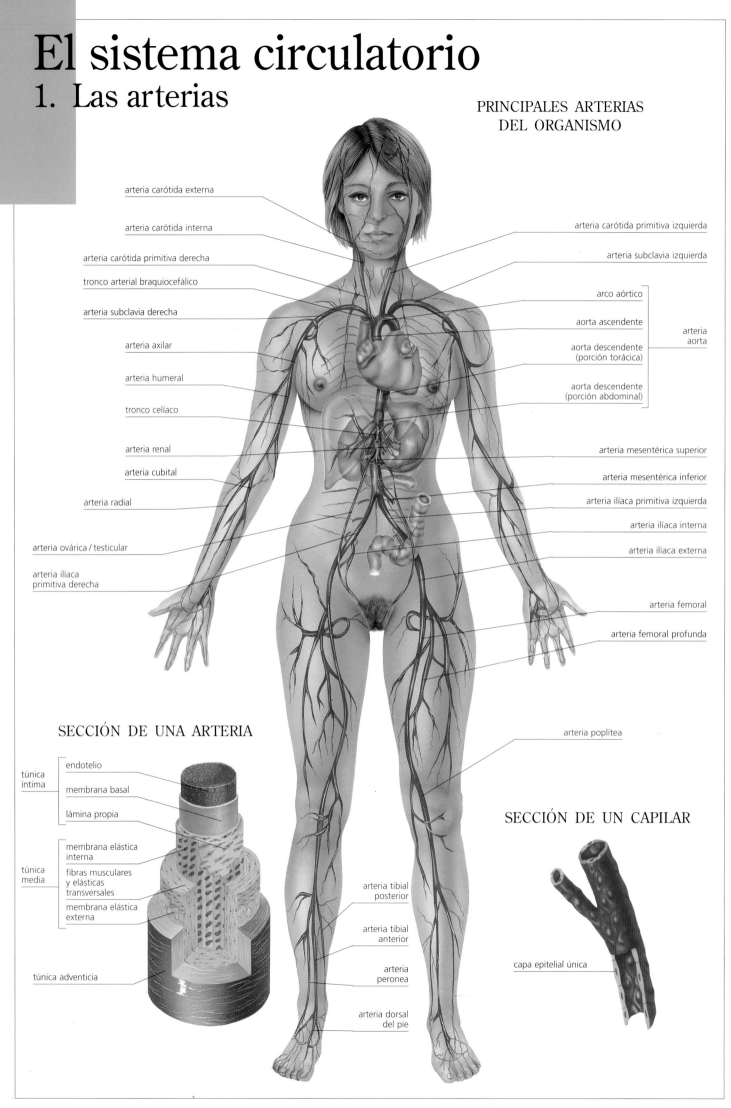

PRINCIPALES ARTERIAS
DEL ORGANISMO

arteria carótida externa

arteria carótida interna

arteria carótida primitiva derecha

tronco arterial braquiocefálico

arteria subclavia derecha

arteria axilar

arteria humeral

tronco celíaco

arteria renal

arteria cubital

arteria radial

arteria ovárica / testicular

arteria ilíaca
primitiva derecha

arteria carótida primitiva izquierda

arteria subclavia izquierda

arco aórtico

aorta ascendente

aorta descendente
(porción torácica)

arteria
aorta

aorta descendente
(porción abdominal)

arteria mesentérica superior

arteria mesentérica inferior

arteria ilíaca primitiva izquierda

arteria ilíaca interna

arteria ilíaca externa

arteria femoral

arteria femoral profunda

arteria poplítea

SECCIÓN DE UNA ARTERIA

túnica
íntima

endotelio

membrana basal

lámina propia

membrana elástica
interna

túnica
media

fibras musculares
y elásticas
transversales

membrana elástica
externa

túnica adventicia

SECCIÓN DE UN CAPILAR

capa epitelial única

arteria tibial
posterior

arteria tibial
anterior

arteria
peronea

arteria dorsal
del pie

2. Las venas

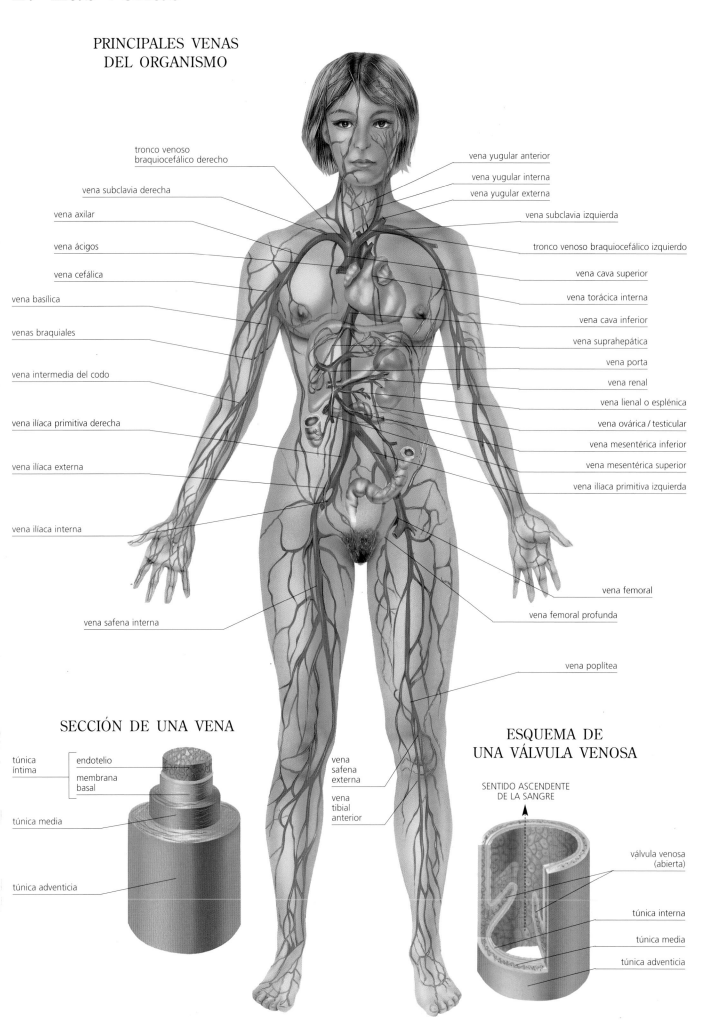

PRINCIPALES VENAS DEL ORGANISMO

tronco venoso braquiocefálico derecho

vena subclavia derecha

vena axilar

vena ácigos

vena cefálica

vena basílica

venas braquiales

vena intermedia del codo

vena ilíaca primitiva derecha

vena ilíaca externa

vena ilíaca interna

vena safena interna

vena yugular anterior

vena yugular interna

vena yugular externa

vena subclavia izquierda

tronco venoso braquiocefálico izquierdo

vena cava superior

vena torácica interna

vena cava inferior

vena suprahepática

vena porta

vena renal

vena lienal o esplénica

vena ovárica / testicular

vena mesentérica inferior

vena mesentérica superior

vena ilíaca primitiva izquierda

vena femoral

vena femoral profunda

vena poplítea

vena safena externa

vena tibial anterior

SECCIÓN DE UNA VENA

túnica íntima

endotelio

membrana basal

túnica media

túnica adventicia

ESQUEMA DE UNA VÁLVULA VENOSA

SENTIDO ASCENDENTE DE LA SANGRE

válvula venosa (abierta)

túnica interna

túnica media

túnica adventicia

3. El corazón

SECCIÓN VENTROLATERAL DEL CORAZÓN

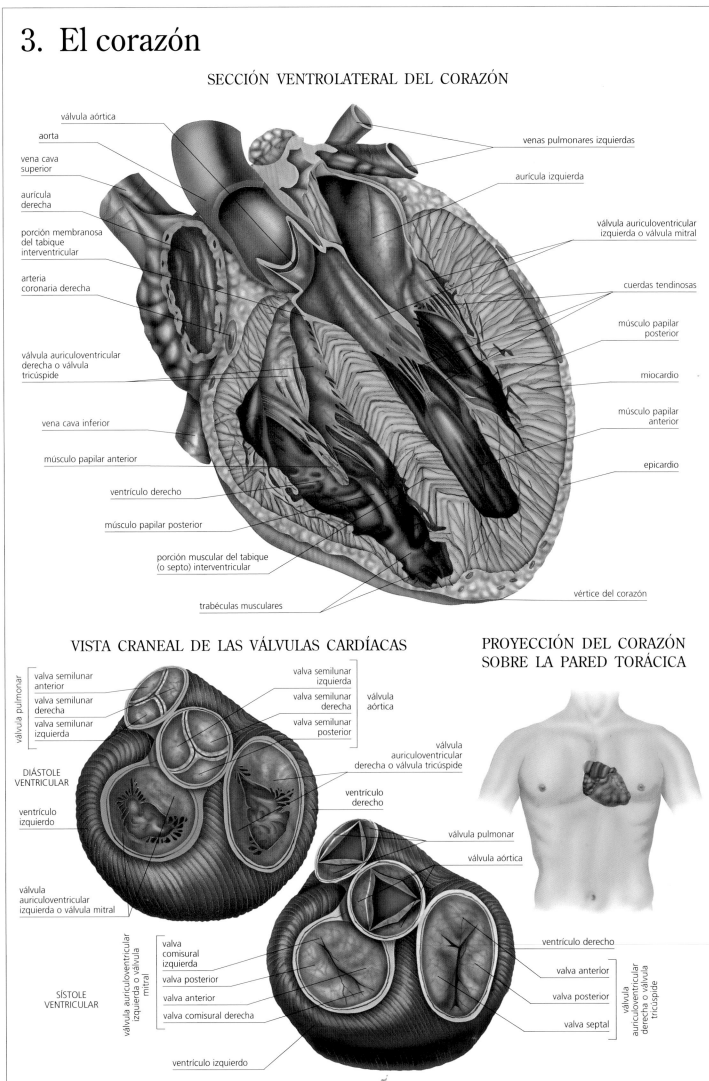

válvula aórtica

aorta

vena cava superior

aurícula derecha

porción membranosa del tabique interventricular

arteria coronaria derecha

válvula auriculoventricular derecha o válvula tricúspide

vena cava inferior

músculo papilar anterior

ventrículo derecho

músculo papilar posterior

porción muscular del tabique (o septo) interventricular

trabéculas musculares

venas pulmonares izquierdas

aurícula izquierda

válvula auriculoventricular izquierda o válvula mitral

cuerdas tendinosas

músculo papilar posterior

miocardio

músculo papilar anterior

epicardio

vértice del corazón

VISTA CRANEAL DE LAS VÁLVULAS CARDÍACAS

válvula pulmonar

valva semilunar anterior

valva semilunar derecha

valva semilunar izquierda

DIÁSTOLE VENTRICULAR

ventrículo izquierdo

válvula auriculoventricular izquierda o válvula mitral

valva semilunar izquierda

valva semilunar derecha

valva semilunar posterior

válvula aórtica

válvula auriculoventricular derecha o válvula tricúspide

ventrículo derecho

SÍSTOLE VENTRICULAR

válvula auriculoventricular izquierda o válvula mitral

valva comisural izquierda

valva posterior

valva anterior

valva comisural derecha

ventrículo izquierdo

PROYECCIÓN DEL CORAZÓN SOBRE LA PARED TORÁCICA

válvula pulmonar

válvula aórtica

ventrículo derecho

valva anterior

valva posterior

valva septal

válvula auriculoventricular derecha o válvula tricúspide

4. El corazón

VISTA FRONTRAL DEL CORAZÓN

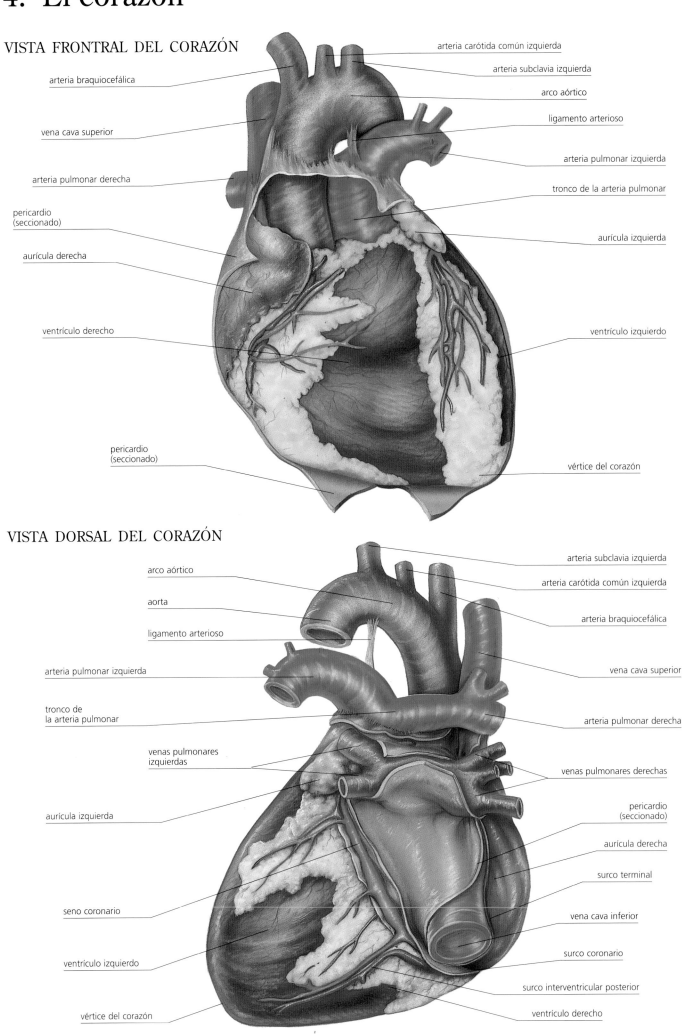

arteria carótida común izquierda

arteria braquiocefálica

arteria subclavia izquierda

arco aórtico

vena cava superior

ligamento arterioso

arteria pulmonar derecha

arteria pulmonar izquierda

pericardio
(seccionado)

tronco de la arteria pulmonar

aurícula derecha

aurícula izquierda

ventrículo derecho

ventrículo izquierdo

pericardio
(seccionado)

vértice del corazón

VISTA DORSAL DEL CORAZÓN

arco aórtico

arteria subclavia izquierda

arteria carótida común izquierda

aorta

ligamento arterioso

arteria braquiocefálica

arteria pulmonar izquierda

vena cava superior

tronco de
la arteria pulmonar

arteria pulmonar derecha

venas pulmonares
izquierdas

venas pulmonares derechas

pericardio
(seccionado)

aurícula izquierda

aurícula derecha

surco terminal

seno coronario

vena cava inferior

ventrículo izquierdo

surco coronario

surco interventricular posterior

vértice del corazón

ventrículo derecho

49

5. El corazón

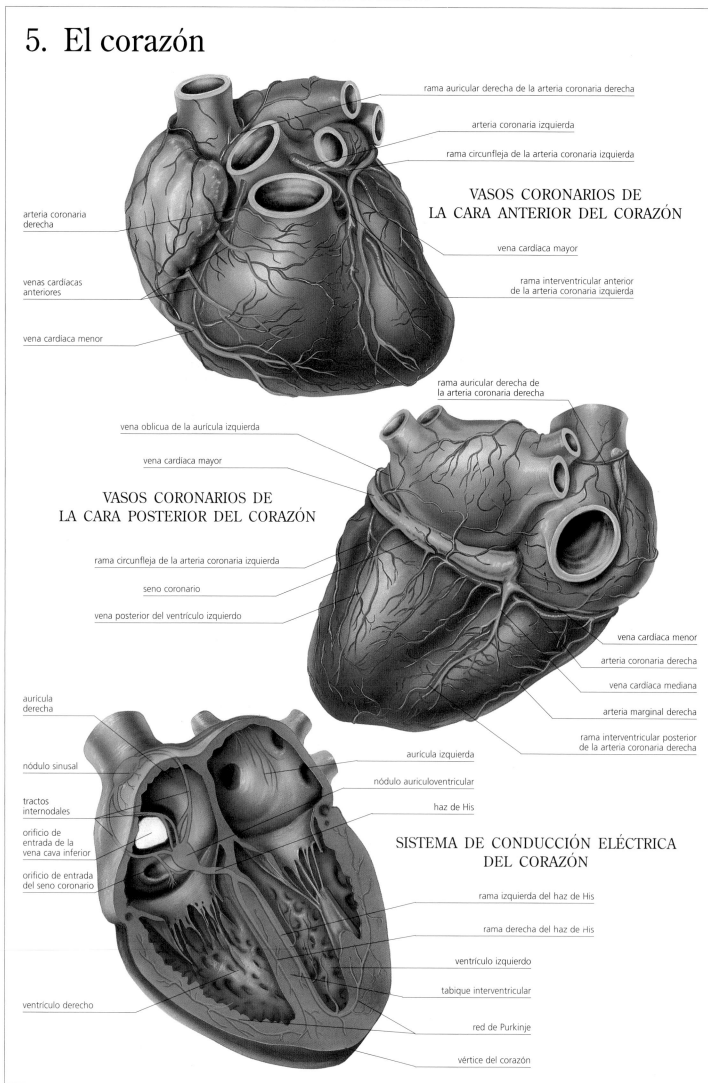

rama auricular derecha de la arteria coronaria derecha

arteria coronaria izquierda

rama circunfleja de la arteria coronaria izquierda

VASOS CORONARIOS DE LA CARA ANTERIOR DEL CORAZÓN

vena cardíaca mayor

rama interventricular anterior de la arteria coronaria izquierda

arteria coronaria derecha

venas cardíacas anteriores

vena cardíaca menor

rama auricular derecha de la arteria coronaria derecha

vena oblicua de la aurícula izquierda

vena cardíaca mayor

VASOS CORONARIOS DE LA CARA POSTERIOR DEL CORAZÓN

rama circunfleja de la arteria coronaria izquierda

seno coronario

vena posterior del ventrículo izquierdo

vena cardíaca menor

arteria coronaria derecha

vena cardíaca mediana

arteria marginal derecha

rama interventricular posterior de la arteria coronaria derecha

aurícula derecha

nódulo sinusal

tractos internodales

orificio de entrada de la vena cava inferior

orificio de entrada del seno coronario

aurícula izquierda

nódulo auriculoventricular

haz de His

SISTEMA DE CONDUCCIÓN ELÉCTRICA DEL CORAZÓN

rama izquierda del haz de His

rama derecha del haz de His

ventrículo izquierdo

tabique interventricular

red de Purkinje

ventrículo derecho

vértice del corazón

6. Fases del latido cardíaco

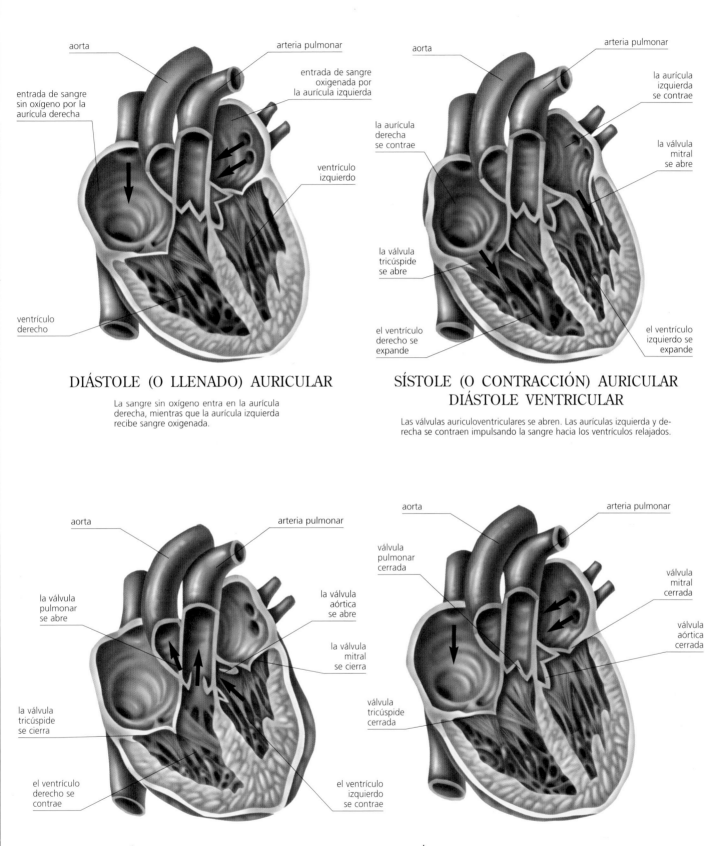

aorta · **arteria pulmonar** · **entrada de sangre oxigenada por la aurícula izquierda** · **entrada de sangre sin oxígeno por la aurícula derecha** · **ventrículo izquierdo** · **ventrículo derecho**

DIÁSTOLE (O LLENADO) AURICULAR

La sangre sin oxígeno entra en la aurícula derecha, mientras que la aurícula izquierda recibe sangre oxigenada.

aorta · **arteria pulmonar** · **la aurícula izquierda se contrae** · **la válvula mitral se abre** · **la aurícula derecha se contrae** · **la válvula tricúspide se abre** · **el ventrículo derecho se expande** · **el ventrículo izquierdo se expande**

SÍSTOLE (O CONTRACCIÓN) AURICULAR
DIÁSTOLE VENTRICULAR

Las válvulas auriculoventriculares se abren. Las aurículas izquierda y derecha se contraen impulsando la sangre hacia los ventrículos relajados.

aorta · **arteria pulmonar** · **la válvula aórtica se abre** · **la válvula mitral se cierra** · **la válvula pulmonar se abre** · **la válvula tricúspide se cierra** · **el ventrículo derecho se contrae** · **el ventrículo izquierdo se contrae**

SÍSTOLE VENTRICULAR

Los ventrículos se contraen y las válvulas sigmoideas se abren permitiendo el paso de sangre de los ventrículos a los pulmones (a través de las arterias pulmonares) para su oxigenación y al resto del organismo (a través de la aorta).

aorta · **arteria pulmonar** · **válvula pulmonar cerrada** · **válvula mitral cerrada** · **válvula aórtica cerrada** · **válvula tricúspide cerrada**

DIÁSTOLE (O LLENADO) AURICULAR

Terminada la fase del latido, empieza, sin solución de continuidad, una nueva fase idéntica a la anterior y con el mismo ritmo de unas 60 a 80 veces por minuto, en una persona normal.

La sangre y el bazo

LAS CÉLULAS DE LA SANGRE

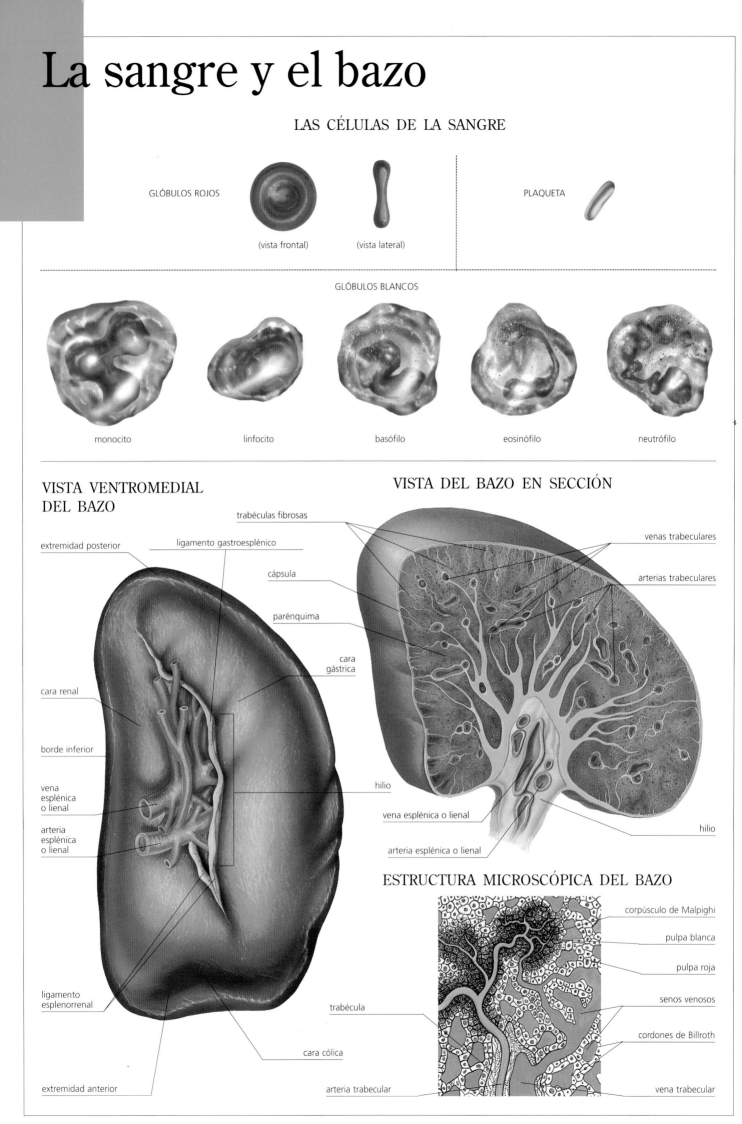

GLÓBULOS ROJOS

(vista frontal)

(vista lateral)

PLAQUETA

GLÓBULOS BLANCOS

monocito

linfocito

basófilo

eosinófilo

neutrófilo

VISTA VENTROMEDIAL DEL BAZO

extremidad posterior

ligamento gastroesplénico

cápsula

parénquima

cara gástrica

cara renal

borde inferior

vena esplénica o lienal

arteria esplénica o lienal

hilio

ligamento esplenorrenal

cara cólica

extremidad anterior

VISTA DEL BAZO EN SECCIÓN

trabéculas fibrosas

venas trabeculares

arterias trabeculares

vena esplénica o lienal

hilio

arteria esplénica o lienal

ESTRUCTURA MICROSCÓPICA DEL BAZO

corpúsculo de Malpighi

pulpa blanca

pulpa roja

senos venosos

cordones de Billroth

trabécula

arteria trabecular

vena trabecular

El sistema nervioso
1. El cerebro

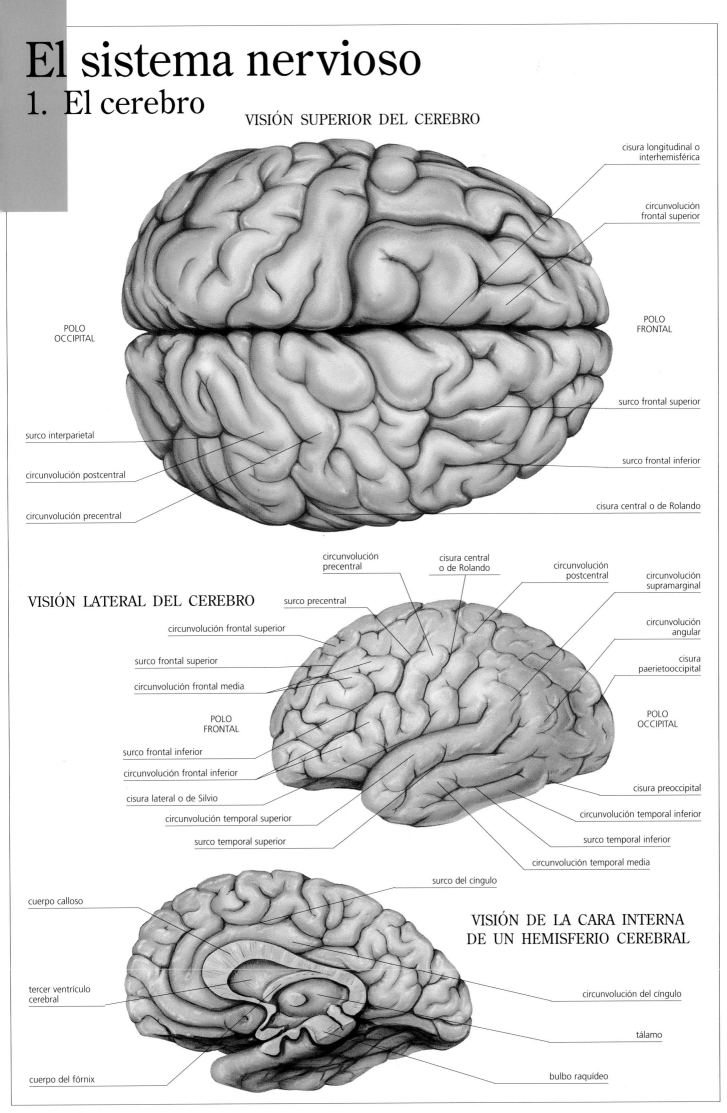

VISIÓN SUPERIOR DEL CEREBRO

cisura longitudinal o interhemisférica

circunvolución frontal superior

POLO FRONTAL

surco frontal superior

surco frontal inferior

cisura central o de Rolando

POLO OCCIPITAL

surco interparietal

circunvolución postcentral

circunvolución precentral

VISIÓN LATERAL DEL CEREBRO

circunvolución precentral

cisura central o de Rolando

circunvolución postcentral

circunvolución supramarginal

surco precentral

circunvolución frontal superior

circunvolución angular

surco frontal superior

cisura paerietooccipital

circunvolución frontal media

POLO FRONTAL

POLO OCCIPITAL

surco frontal inferior

circunvolución frontal inferior

cisura lateral o de Silvio

cisura preoccipital

circunvolución temporal superior

circunvolución temporal inferior

surco temporal superior

surco temporal inferior

circunvolución temporal media

surco del cíngulo

cuerpo calloso

VISIÓN DE LA CARA INTERNA
DE UN HEMISFERIO CEREBRAL

tercer ventrículo cerebral

circunvolución del cíngulo

tálamo

cuerpo del fórnix

bulbo raquídeo

2. El cerebro

VISIÓN INFERIOR DEL CEREBRO CON LOS PARES CRANEALES

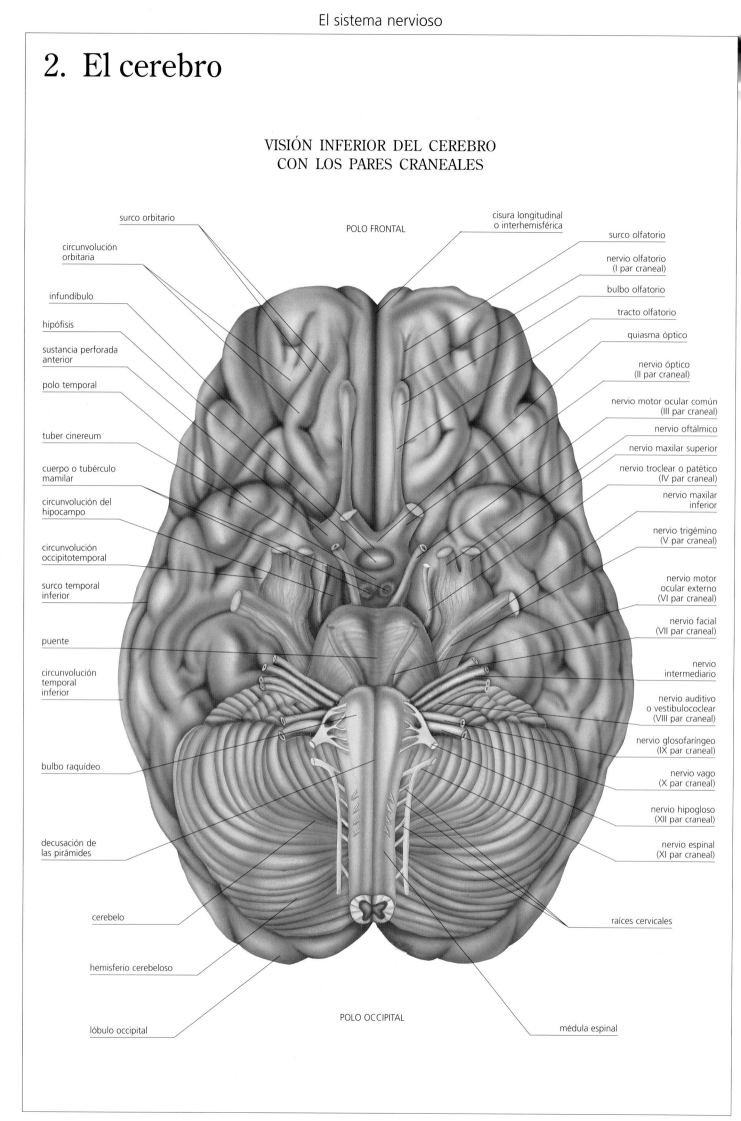

surco orbitario

circunvolución orbitaria

infundíbulo

hipófisis

sustancia perforada anterior

polo temporal

tuber cinereum

cuerpo o tubérculo mamilar

circunvolución del hipocampo

circunvolución occipitotemporal

surco temporal inferior

puente

circunvolución temporal inferior

bulbo raquídeo

decusación de las pirámides

cerebelo

hemisferio cerebeloso

lóbulo occipital

POLO FRONTAL

cisura longitudinal o interhemisférica

surco olfatorio

nervio olfatorio (I par craneal)

bulbo olfatorio

tracto olfatorio

quiasma óptico

nervio óptico (II par craneal)

nervio motor ocular común (III par craneal)

nervio oftálmico

nervio maxilar superior

nervio troclear o patético (IV par craneal)

nervio maxilar inferior

nervio trigémino (V par craneal)

nervio motor ocular externo (VI par craneal)

nervio facial (VII par craneal)

nervio intermediario

nervio auditivo o vestibulococlear (VIII par craneal)

nervio glosofaríngeo (IX par craneal)

nervio vago (X par craneal)

nervio hipogloso (XII par craneal)

nervio espinal (XI par craneal)

raíces cervicales

médula espinal

POLO OCCIPITAL

3. El cerebro

REPRESENTACIÓN ESQUEMÁTICA DE LAS MENINGES

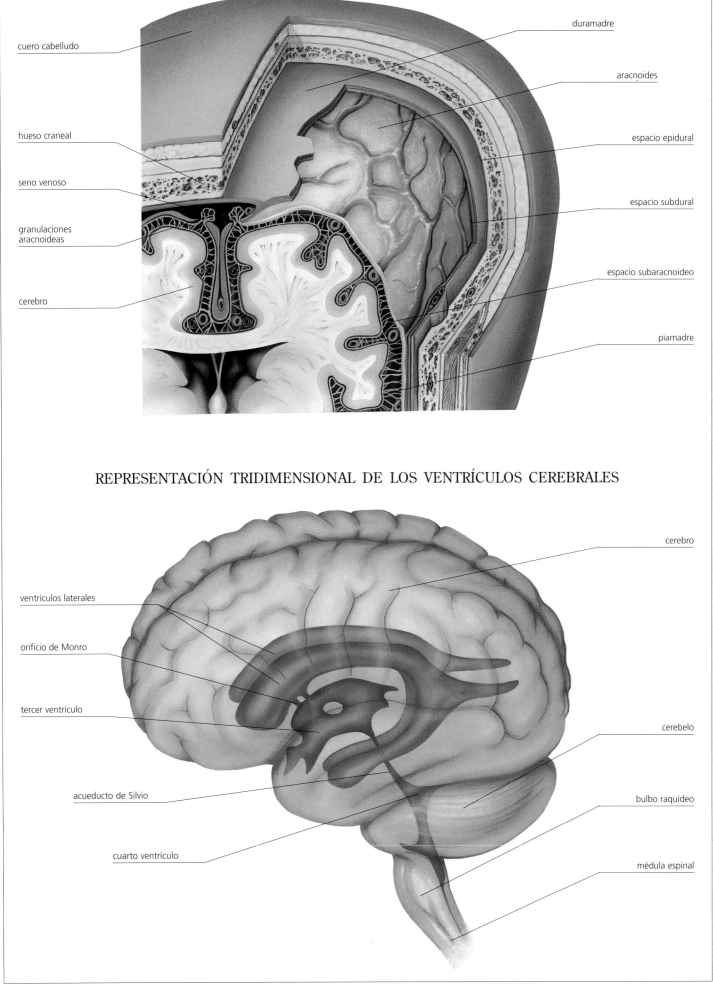

cuero cabelludo

duramadre

aracnoides

hueso craneal

espacio epidural

seno venoso

espacio subdural

granulaciones
aracnoideas

espacio subaracnoideo

cerebro

piamadre

REPRESENTACIÓN TRIDIMENSIONAL DE LOS VENTRÍCULOS CEREBRALES

cerebro

ventrículos laterales

orificio de Monro

tercer ventrículo

cerebelo

acueducto de Silvio

bulbo raquídeo

cuarto ventrículo

médula espinal

4. El sistema nervioso periférico

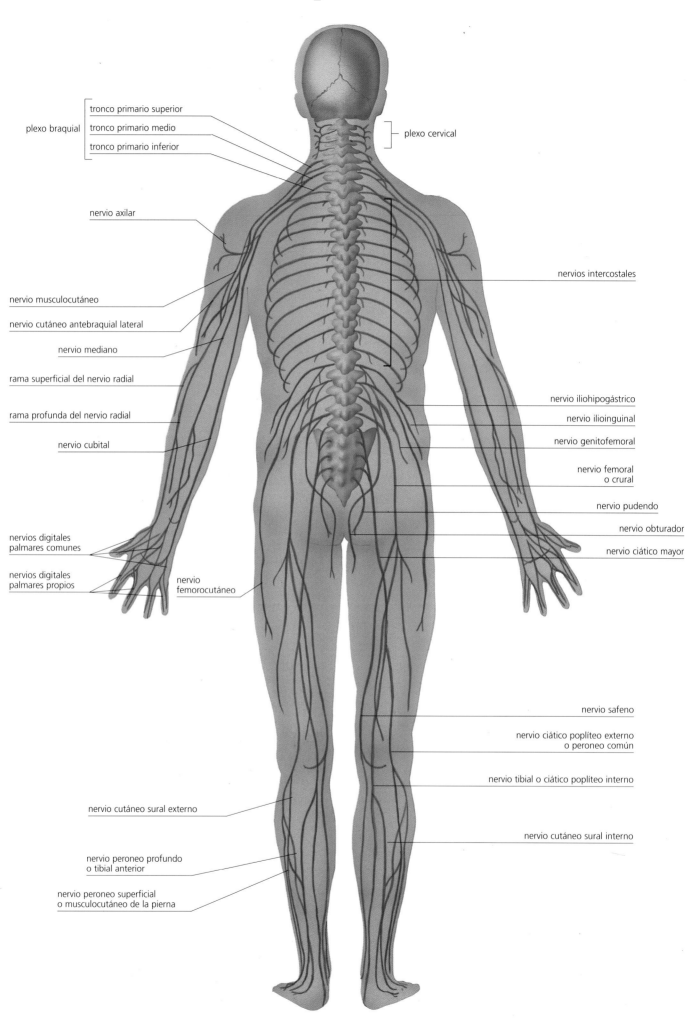

plexo braquial
tronco primario superior
tronco primario medio
tronco primario inferior

plexo cervical

nervio axilar

nervios intercostales

nervio musculocutáneo

nervio cutáneo antebraquial lateral

nervio mediano

rama superficial del nervio radial

rama profunda del nervio radial

nervio cubital

nervio iliohipogástrico

nervio ilioinguinal

nervio genitofemoral

nervio femoral
o crural

nervio pudendo

nervio obturador

nervio ciático mayor

nervios digitales
palmares comunes

nervios digitales
palmares propios

nervio
femorocutáneo

nervio safeno

nervio ciático poplíteo externo
o peroneo común

nervio tibial o ciático poplíteo interno

nervio cutáneo sural externo

nervio cutáneo sural interno

nervio peroneo profundo
o tibial anterior

nervio peroneo superficial
o musculocutáneo de la pierna

5. Las neuronas

ESTRUCTURA DE UNA NEURONA MOTORA

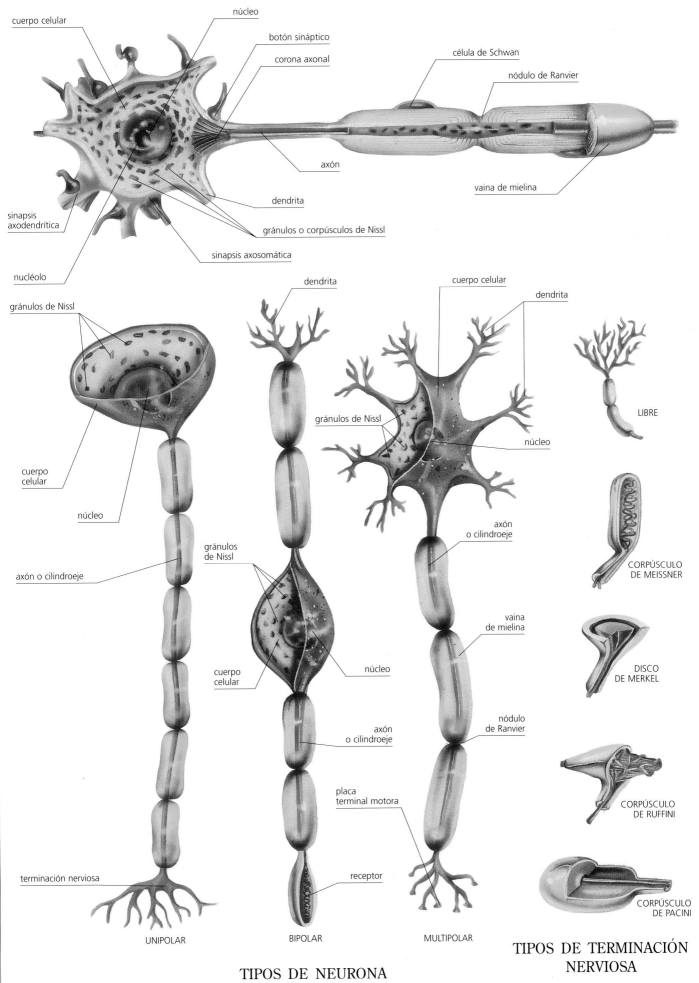

cuerpo celular

núcleo

botón sináptico

corona axonal

célula de Schwan

nódulo de Ranvier

axón

dendrita

vaina de mielina

sinapsis axodendrítica

gránulos o corpúsculos de Nissl

sinapsis axosomática

nucléolo

gránulos de Nissl

dendrita

cuerpo celular

dendrita

cuerpo celular

núcleo

gránulos de Nissl

núcleo

LIBRE

axón o cilindroeje

gránulos de Nissl

axón o cilindroeje

CORPÚSCULO DE MEISSNER

cuerpo celular

núcleo

vaina de mielina

DISCO DE MERKEL

axón o cilindroeje

nódulo de Ranvier

placa terminal motora

CORPÚSCULO DE RUFFINI

terminación nerviosa

receptor

CORPÚSCULO DE PACINI

UNIPOLAR

BIPOLAR

MULTIPOLAR

TIPOS DE TERMINACIÓN NERVIOSA

TIPOS DE NEURONA

6. La médula espinal y los nervios raquídeos

REPRESENTACIÓN DE LA MÉDULA ESPINAL Y UN NERVIO RAQUÍDEO

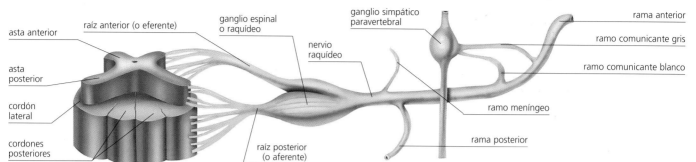

asta anterior

raíz anterior (o eferente)

ganglio espinal o raquídeo

ganglio simpático paravertebral

rama anterior

ramo comunicante gris

ramo comunicante blanco

asta posterior

nervio raquídeo

cordón lateral

cordones posteriores

raíz posterior (o aferente)

ramo meníngeo

rama posterior

REPRESENTACIÓN ESQUEMÁTICA DE LA MÉDULA ESPINAL CON LOS NERVIOS RAQUÍDEOS

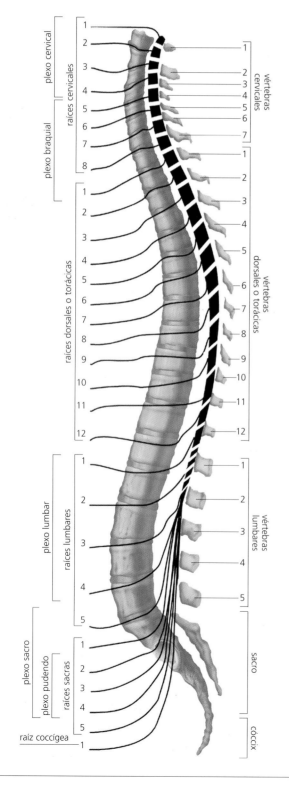

plexo cervical

plexo braquial

raíces cervicales

plexo lumbar

raíces lumbares

plexo sacro

plexo pudendo

raíces sacras

raíz coccígea

vértebras cervicales

raíces dorsales o torácicas

vértebras dorsales o torácicas

vértebras lumbares

sacro

cóccix

ZONAS CUTÁNEAS INERVADAS POR LOS NERVIOS RAQUÍDEOS

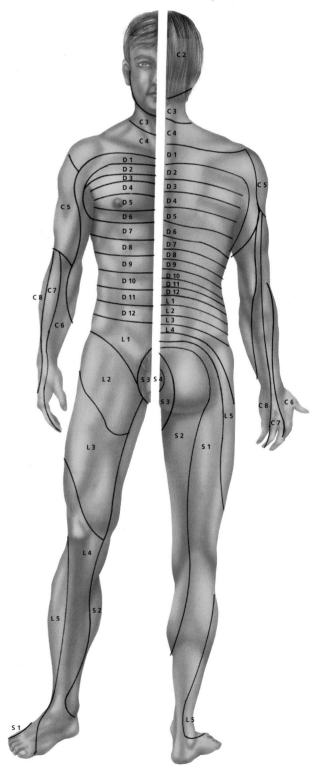

Los sentidos
1. La vista

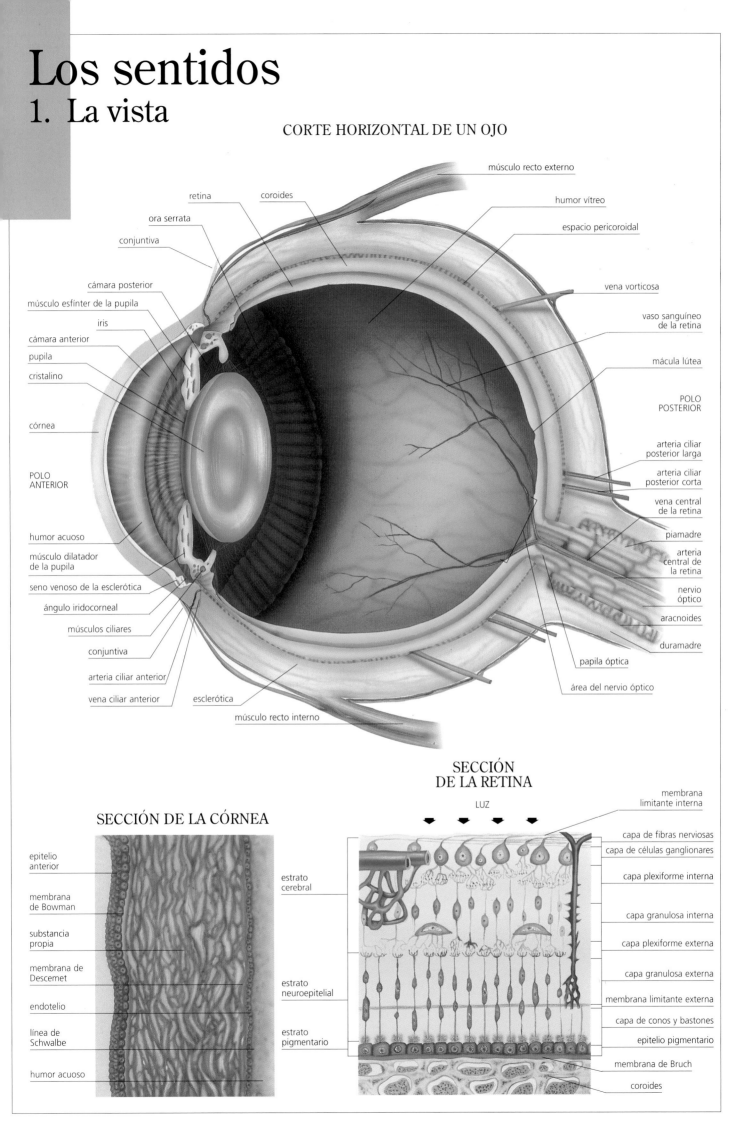

CORTE HORIZONTAL DE UN OJO

músculo recto externo

retina

coroides

ora serrata

conjuntiva

humor vítreo

espacio pericoroidal

cámara posterior

músculo esfínter de la pupila

iris

cámara anterior

pupila

cristalino

córnea

POLO
ANTERIOR

humor acuoso

músculo dilatador
de la pupila

seno venoso de la esclerótica

ángulo iridocorneal

músculos ciliares

conjuntiva

arteria ciliar anterior

vena ciliar anterior

esclerótica

músculo recto interno

vena vorticosa

vaso sanguíneo
de la retina

mácula lútea

POLO
POSTERIOR

arteria ciliar
posterior larga

arteria ciliar
posterior corta

vena central
de la retina

piamadre

arteria
central de
la retina

nervio
óptico

aracnoides

duramadre

papila óptica

área del nervio óptico

SECCIÓN DE LA CÓRNEA

epitelio
anterior

membrana
de Bowman

substancia
propia

membrana de
Descemet

endotelio

línea de
Schwalbe

humor acuoso

**SECCIÓN
DE LA RETINA**

LUZ

estrato
cerebral

estrato
neuroepitelial

estrato
pigmentario

membrana
limitante interna

capa de fibras nerviosas

capa de células ganglionares

capa plexiforme interna

capa granulosa interna

capa plexiforme externa

capa granulosa externa

membrana limitante externa

capa de conos y bastones

epitelio pigmentario

membrana de Bruch

coroides

2. La vista

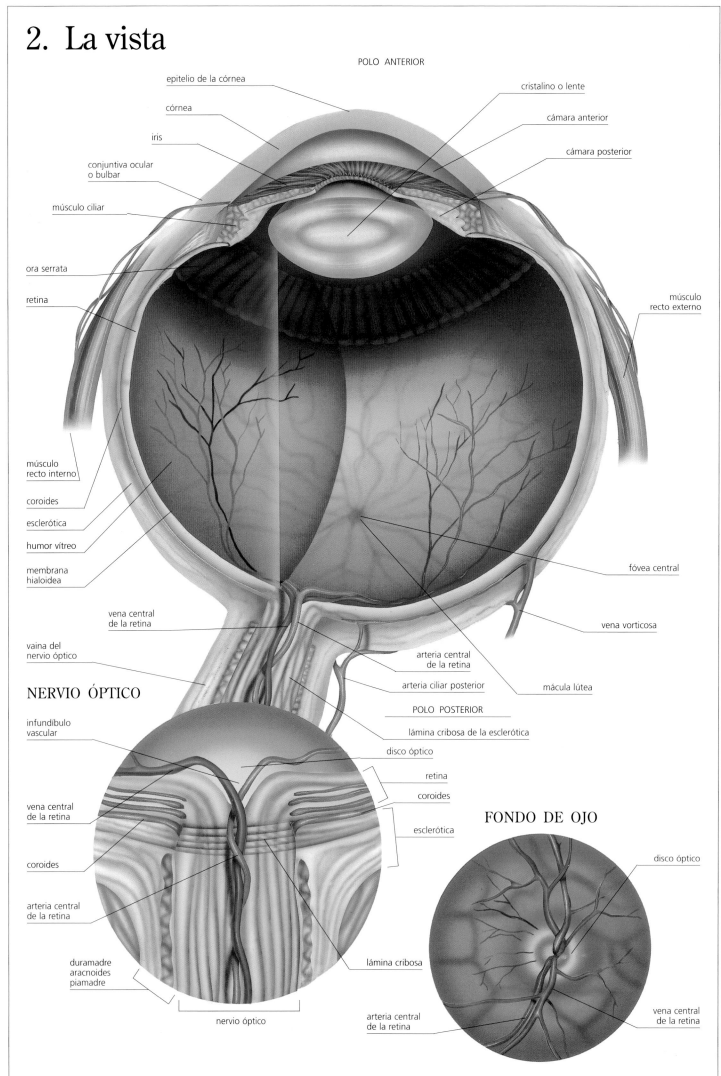

POLO ANTERIOR

epitelio de la córnea

córnea

iris

conjuntiva ocular
o bulbar

músculo ciliar

ora serrata

retina

músculo
recto interno

coroides

esclerótica

humor vítreo

membrana
hialoidea

vena central
de la retina

vaina del
nervio óptico

cristalino o lente

cámara anterior

cámara posterior

músculo
recto externo

fóvea central

vena vorticosa

arteria central
de la retina

arteria ciliar posterior

mácula lútea

POLO POSTERIOR

lámina cribosa de la esclerótica

disco óptico

retina

coroides

esclerótica

NERVIO ÓPTICO

infundíbulo
vascular

vena central
de la retina

coroides

arteria central
de la retina

duramadre
aracnoides
piamadre

nervio óptico

lámina cribosa

arteria central
de la retina

FONDO DE OJO

disco óptico

vena central
de la retina

3. La vista

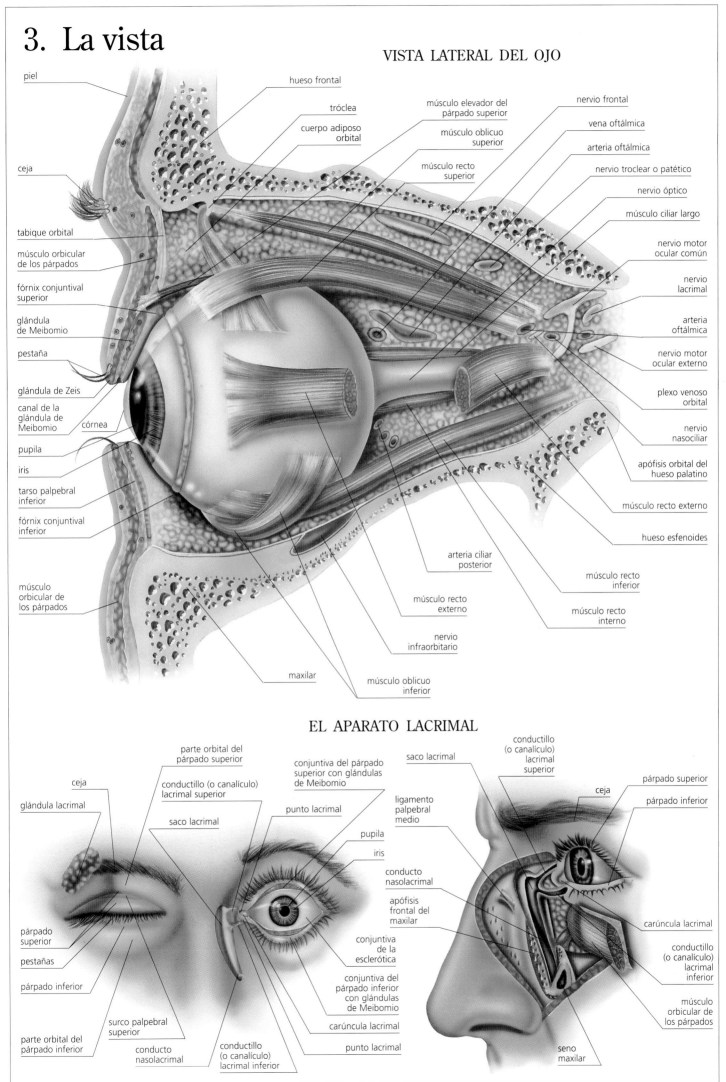

VISTA LATERAL DEL OJO

piel

hueso frontal

tróclea

cuerpo adiposo orbital

músculo elevador del párpado superior

músculo oblicuo superior

músculo recto superior

nervio frontal

vena oftálmica

arteria oftálmica

nervio troclear o patético

nervio óptico

músculo ciliar largo

nervio motor ocular común

nervio lacrimal

arteria oftálmica

nervio motor ocular externo

plexo venoso orbital

nervio nasociliar

apófisis orbital del hueso palatino

músculo recto externo

hueso esfenoides

músculo recto inferior

músculo recto interno

ceja

tabique orbital

músculo orbicular de los párpados

fórnix conjuntival superior

glándula de Meibomio

pestaña

glándula de Zeis

canal de la glándula de Meibomio

córnea

pupila

iris

tarso palpebral inferior

fórnix conjuntival inferior

músculo orbicular de los párpados

arteria ciliar posterior

músculo recto externo

nervio infraorbitario

maxilar

músculo oblicuo inferior

EL APARATO LACRIMAL

ceja

glándula lacrimal

parte orbital del párpado superior

conductillo (o canalículo) lacrimal superior

saco lacrimal

conjuntiva del párpado superior con glándulas de Meibomio

punto lacrimal

pupila

iris

saco lacrimal

conductillo (o canalículo) lacrimal superior

ligamento palpebral medio

conducto nasolacrimal

apófisis frontal del maxilar

conjuntiva de la esclerótica

conjuntiva del párpado inferior con glándulas de Meibomio

carúncula lacrimal

punto lacrimal

ceja

párpado superior

párpado inferior

carúncula lacrimal

conductillo (o canalículo) lacrimal inferior

músculo orbicular de los párpados

párpado superior

pestañas

párpado inferior

parte orbital del párpado inferior

surco palpebral superior

conducto nasolacrimal

conductillo (o canalículo) lacrimal inferior

seno maxilar

4. La vista

ESQUEMA DE LA VÍA VISUAL

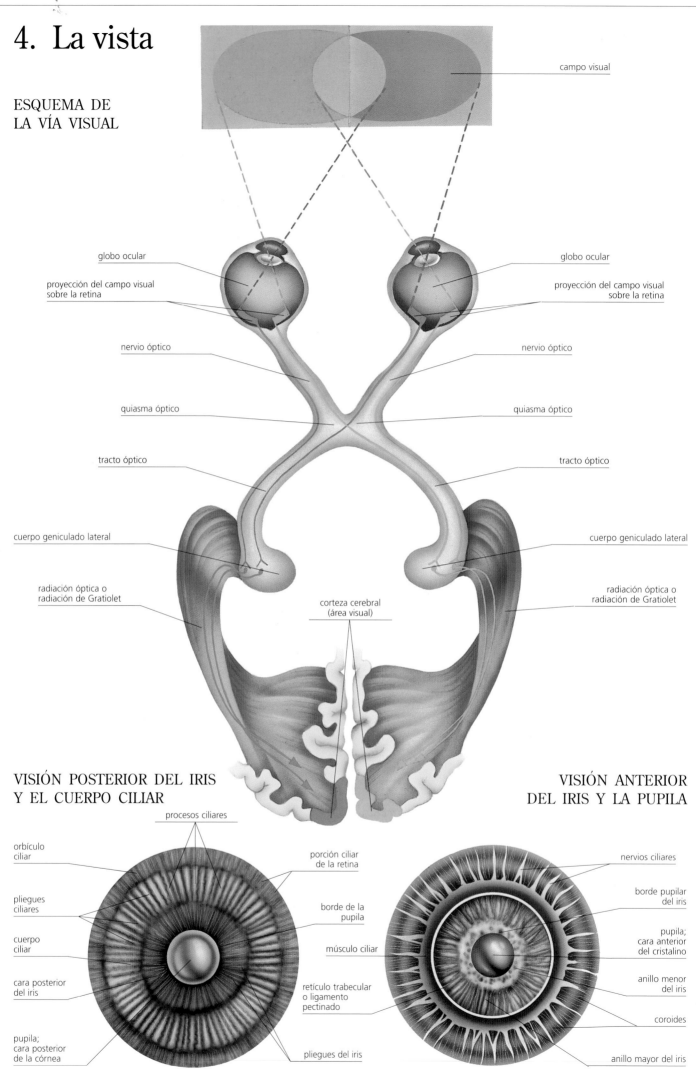

campo visual

globo ocular

proyección del campo visual sobre la retina

globo ocular

proyección del campo visual sobre la retina

nervio óptico

nervio óptico

quiasma óptico

quiasma óptico

tracto óptico

tracto óptico

cuerpo geniculado lateral

cuerpo geniculado lateral

radiación óptica o radiación de Gratiolet

radiación óptica o radiación de Gratiolet

corteza cerebral (área visual)

VISIÓN POSTERIOR DEL IRIS Y EL CUERPO CILIAR

VISIÓN ANTERIOR DEL IRIS Y LA PUPILA

procesos ciliares

orbículo ciliar

porción ciliar de la retina

nervios ciliares

pliegues ciliares

borde de la pupila

borde pupilar del iris

cuerpo ciliar

músculo ciliar

pupila; cara anterior del cristalino

cara posterior del iris

anillo menor del iris

retículo trabecular o ligamento pectinado

coroides

pupila; cara posterior de la córnea

pliegues del iris

anillo mayor del iris

5. La vista

VISTA INFERIOR DEL CEREBRO CON LAS VÍAS VISUALES

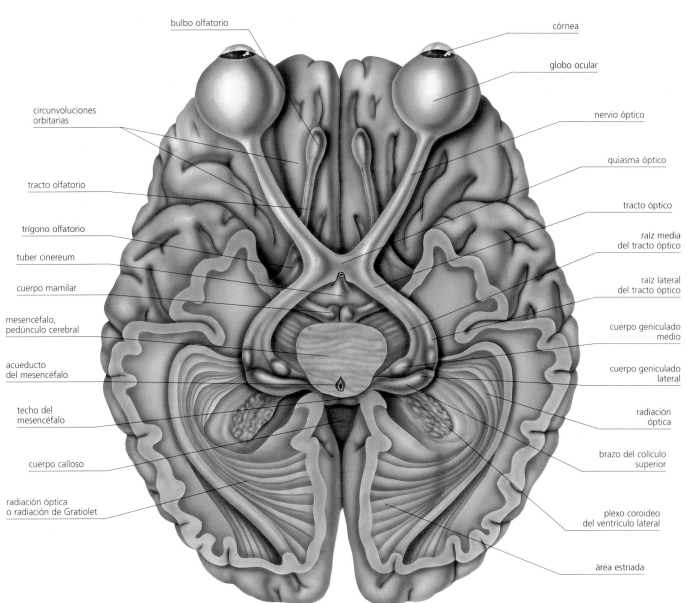

bulbo olfatorio

córnea

globo ocular

circunvoluciones orbitarias

nervio óptico

tracto olfatorio

quiasma óptico

trígono olfatorio

tracto óptico

tuber cinereum

raíz media del tracto óptico

cuerpo mamilar

raíz lateral del tracto óptico

mesencéfalo, pedúnculo cerebral

cuerpo geniculado medio

acueducto del mesencéfalo

cuerpo geniculado lateral

techo del mesencéfalo

radiación óptica

cuerpo calloso

brazo del colículo superior

radiación óptica o radiación de Gratiolet

plexo coroideo del ventrículo lateral

área estriada

PRINCIPALES DEFECTOS DE VISIÓN Y MÉTODOS DE CORRECCIÓN

PRESBICIA (VISTA CANSADA)

MIOPÍA

HIPERMETROPÍA

El cristalino ha perdido elasticidad, por lo que no se curva lo suficiente. La imagen de los objetos cercanos se forma detrás de la retina.

El cristalino funciona bien, pero el globo ocular es demasiado largo. La imagen de los objetos alejados se forma delante de la retina.

El cristalino funciona bien, pero el globo ocular es demasiado corto. La imagen de los objetos cercanos se forma detrás de la retina.

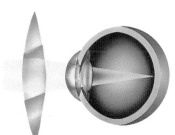

Una lente convergente compensa la falta de adaptación del cristalino.

Una lente divergente sitúa la imagen nítida en la retina.

Una lente convergente sitúa la imagen nítida en la retina.

1. El oído

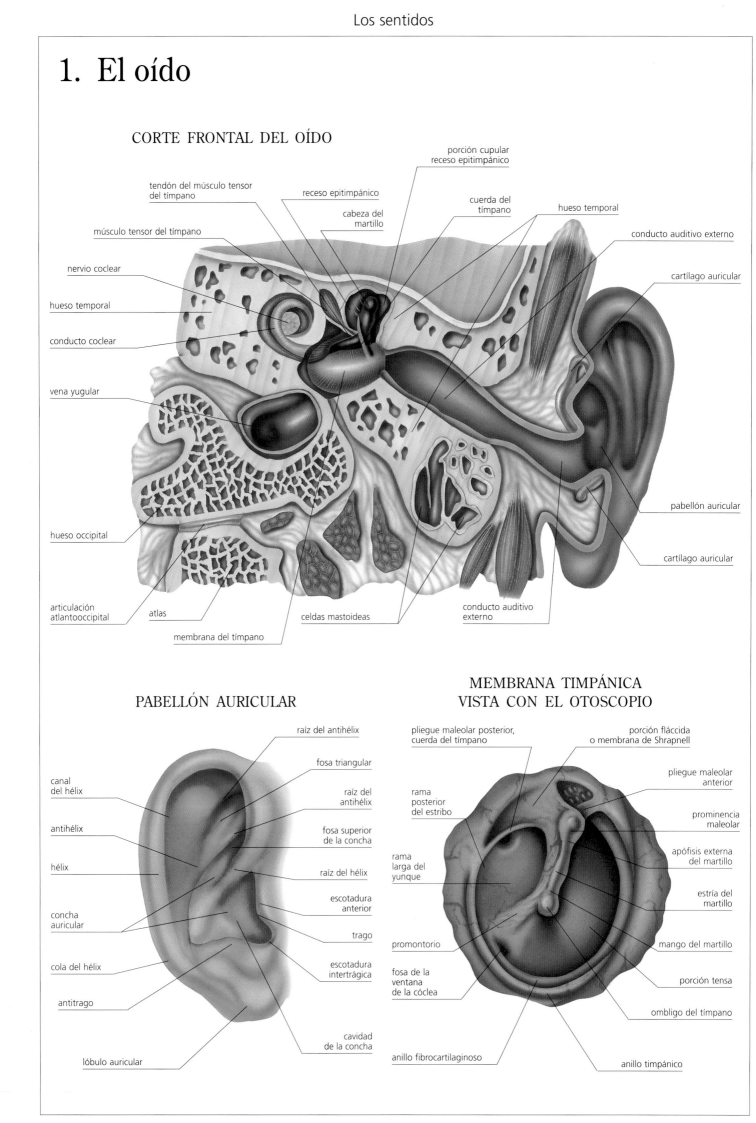

CORTE FRONTAL DEL OÍDO

porción cupular
receso epitimpánico

tendón del músculo tensor
del tímpano

receso epitimpánico

cuerda del
tímpano

hueso temporal

cabeza del
martillo

conducto auditivo externo

músculo tensor del tímpano

cartílago auricular

nervio coclear

hueso temporal

conducto coclear

vena yugular

hueso occipital

pabellón auricular

cartílago auricular

articulación
atlantooccipital

atlas

celdas mastoideas

conducto auditivo
externo

membrana del tímpano

PABELLÓN AURICULAR

MEMBRANA TIMPÁNICA
VISTA CON EL OTOSCOPIO

raíz del antihélix

fosa triangular

pliegue maleolar posterior,
cuerda del tímpano

porción fláccida
o membrana de Shrapnell

canal
del hélix

raíz del
antihélix

pliegue maleolar
anterior

antihélix

fosa superior
de la concha

rama
posterior
del estribo

prominencia
maleolar

hélix

raíz del hélix

rama
larga del
yunque

apófisis externa
del martillo

concha
auricular

escotadura
anterior

estría del
martillo

trago

cola del hélix

escotadura
intertrágica

promontorio

mango del martillo

antitrago

fosa de la
ventana
de la cóclea

porción tensa

ombligo del tímpano

cavidad
de la concha

lóbulo auricular

anillo fibrocartilaginoso

anillo timpánico

2. El oído

VISTA TRANSVERSAL DEL OÍDO INTERNO Y EL OÍDO MEDIO

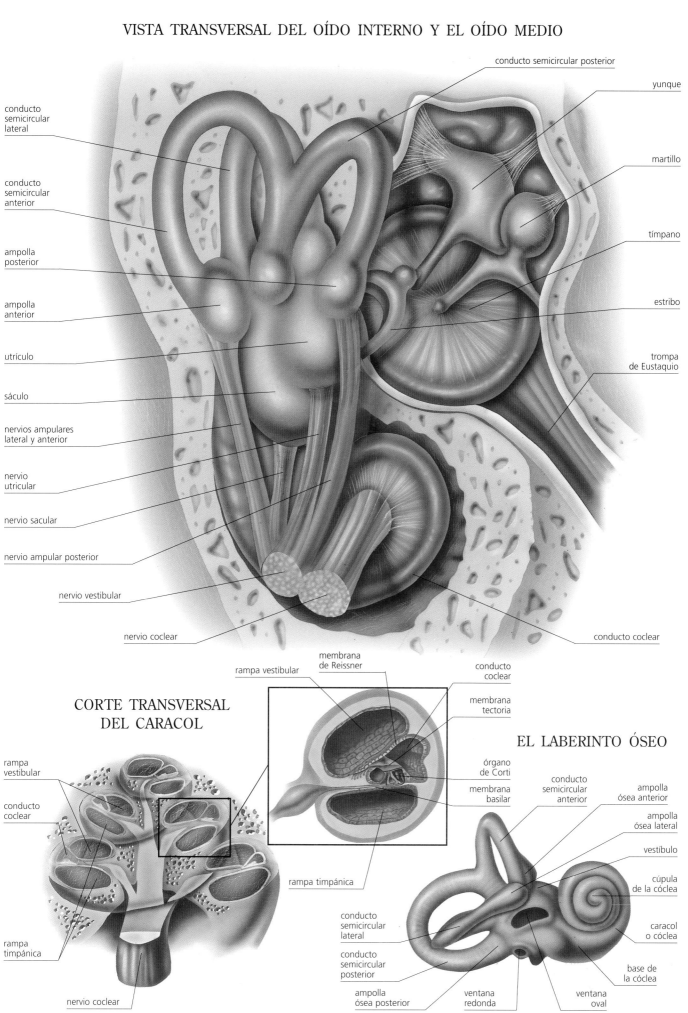

conducto semicircular posterior

yunque

martillo

tímpano

estribo

trompa de Eustaquio

conducto semicircular lateral

conducto semicircular anterior

ampolla posterior

ampolla anterior

utrículo

sáculo

nervios ampulares lateral y anterior

nervio utricular

nervio sacular

nervio ampular posterior

nervio vestibular

nervio coclear

conducto coclear

CORTE TRANSVERSAL DEL CARACOL

rampa vestibular

conducto coclear

rampa timpánica

nervio coclear

membrana de Reissner

rampa vestibular

conducto coclear

membrana tectoria

órgano de Corti

membrana basilar

rampa timpánica

EL LABERINTO ÓSEO

conducto semicircular anterior

ampolla ósea anterior

ampolla ósea lateral

vestíbulo

cúpula de la cóclea

caracol o cóclea

base de la cóclea

conducto semicircular lateral

conducto semicircular posterior

ampolla ósea posterior

ventana redonda

ventana oval

3. El oído

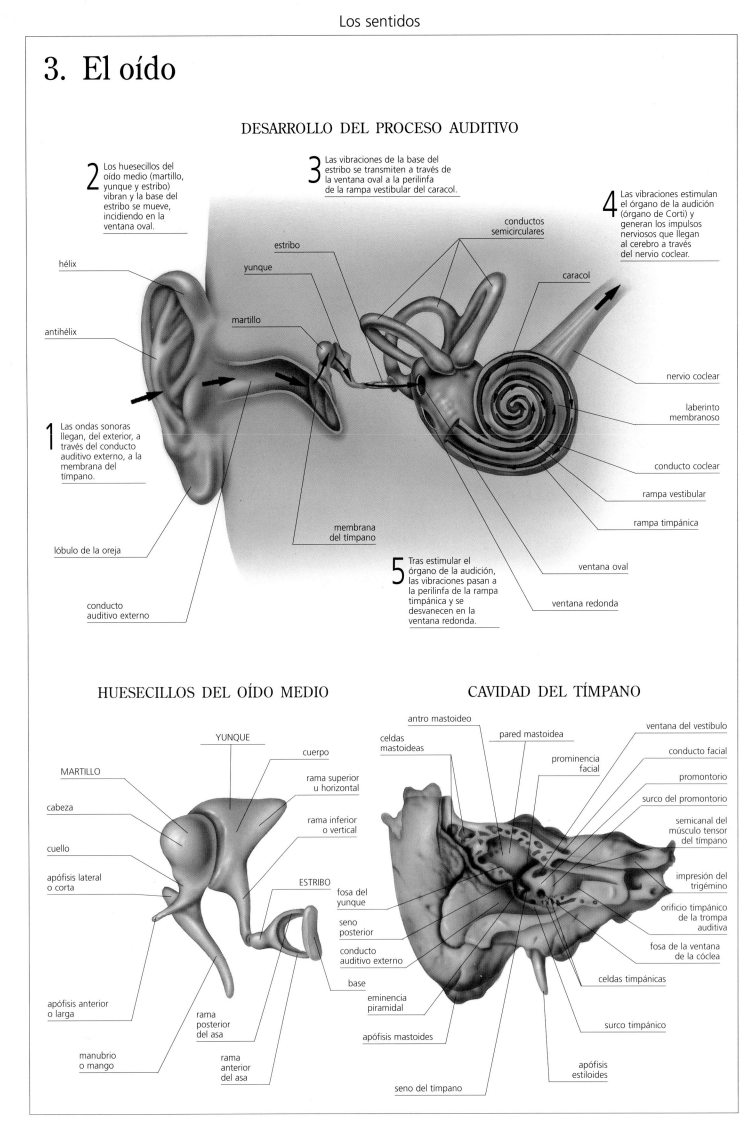

DESARROLLO DEL PROCESO AUDITIVO

2 Los huesecillos del oído medio (martillo, yunque y estribo) vibran y la base del estribo se mueve, incidiendo en la ventana oval.

3 Las vibraciones de la base del estribo se transmiten a través de la ventana oval a la perilinfa de la rampa vestibular del caracol.

4 Las vibraciones estimulan el órgano de la audición (órgano de Corti) y generan los impulsos nerviosos que llegan al cerebro a través del nervio coclear.

hélix

antihélix

estribo

yunque

martillo

conductos semicirculares

caracol

nervio coclear

laberinto membranoso

conducto coclear

rampa vestibular

rampa timpánica

1 Las ondas sonoras llegan, del exterior, a través del conducto auditivo externo, a la membrana del tímpano.

lóbulo de la oreja

conducto auditivo externo

membrana del tímpano

5 Tras estimular el órgano de la audición, las vibraciones pasan a la perilinfa de la rampa timpánica y se desvanecen en la ventana redonda.

ventana oval

ventana redonda

HUESECILLOS DEL OÍDO MEDIO

YUNQUE

MARTILLO

cabeza

cuello

apófisis lateral o corta

cuerpo

rama superior u horizontal

rama inferior o vertical

ESTRIBO

fosa del yunque

seno posterior

conducto auditivo externo

base

apófisis anterior o larga

rama posterior del asa

manubrio o mango

rama anterior del asa

eminencia piramidal

CAVIDAD DEL TÍMPANO

antro mastoideo

celdas mastoideas

pared mastoidea

prominencia facial

ventana del vestíbulo

conducto facial

promontorio

surco del promontorio

semicanal del músculo tensor del tímpano

impresión del trigémino

orificio timpánico de la trompa auditiva

fosa de la ventana de la cóclea

celdas timpánicas

surco timpánico

apófisis estiloides

apófisis mastoides

seno del tímpano

66

1. El olfato

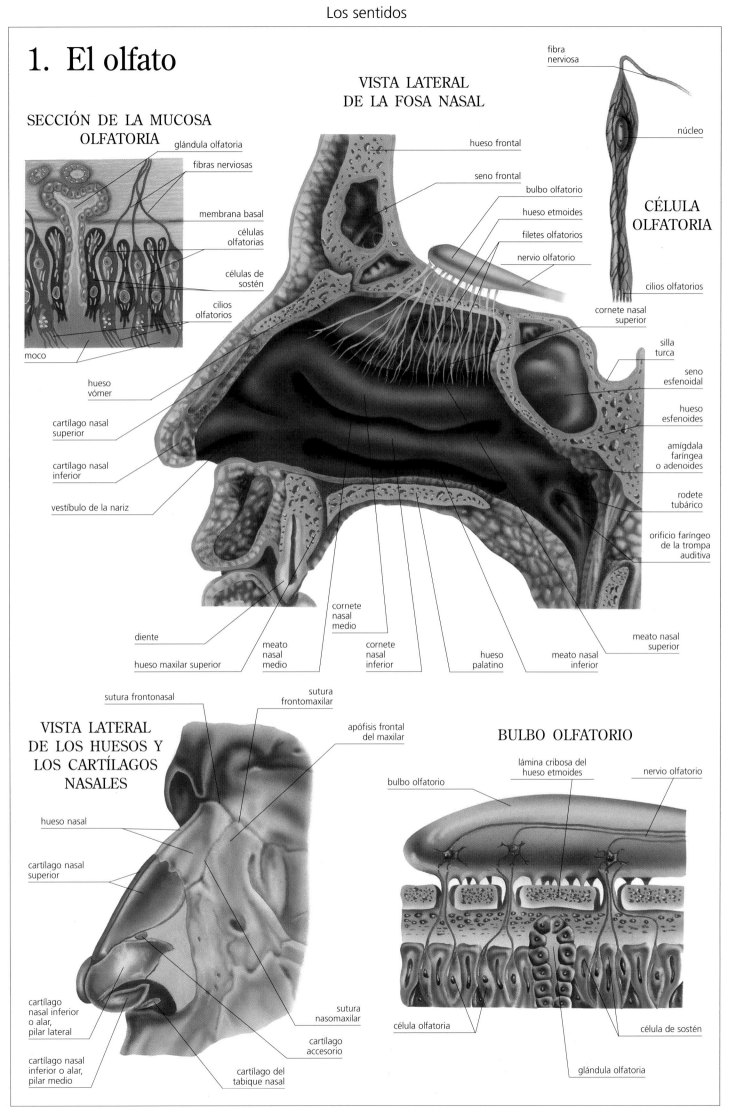

SECCIÓN DE LA MUCOSA
OLFATORIA

glándula olfatoria
fibras nerviosas
membrana basal
células olfatorias
células de sostén
cilios olfatorios
moco
hueso vómer
cartílago nasal superior
cartílago nasal inferior
vestíbulo de la nariz

VISTA LATERAL
DE LA FOSA NASAL

fibra nerviosa
núcleo

CÉLULA
OLFATORIA

cilios olfatorios

hueso frontal
seno frontal
bulbo olfatorio
hueso etmoides
filetes olfatorios
nervio olfatorio
cornete nasal superior
silla turca
seno esfenoidal
hueso esfenoides
amígdala faríngea o adenoides
rodete tubárico
orificio faríngeo de la trompa auditiva
meato nasal superior

diente
meato nasal medio
hueso maxilar superior
cornete nasal medio
cornete nasal inferior
hueso palatino
meato nasal inferior

VISTA LATERAL
DE LOS HUESOS Y
LOS CARTÍLAGOS
NASALES

sutura frontonasal
sutura frontomaxilar
apófisis frontal del maxilar

hueso nasal
cartílago nasal superior
cartílago nasal inferior o alar, pilar lateral
cartílago nasal inferior o alar, pilar medio
cartílago del tabique nasal
cartílago accesorio
sutura nasomaxilar

BULBO OLFATORIO

lámina cribosa del hueso etmoides
nervio olfatorio
bulbo olfatorio
célula olfatoria
célula de sostén
glándula olfatoria

1. El gusto

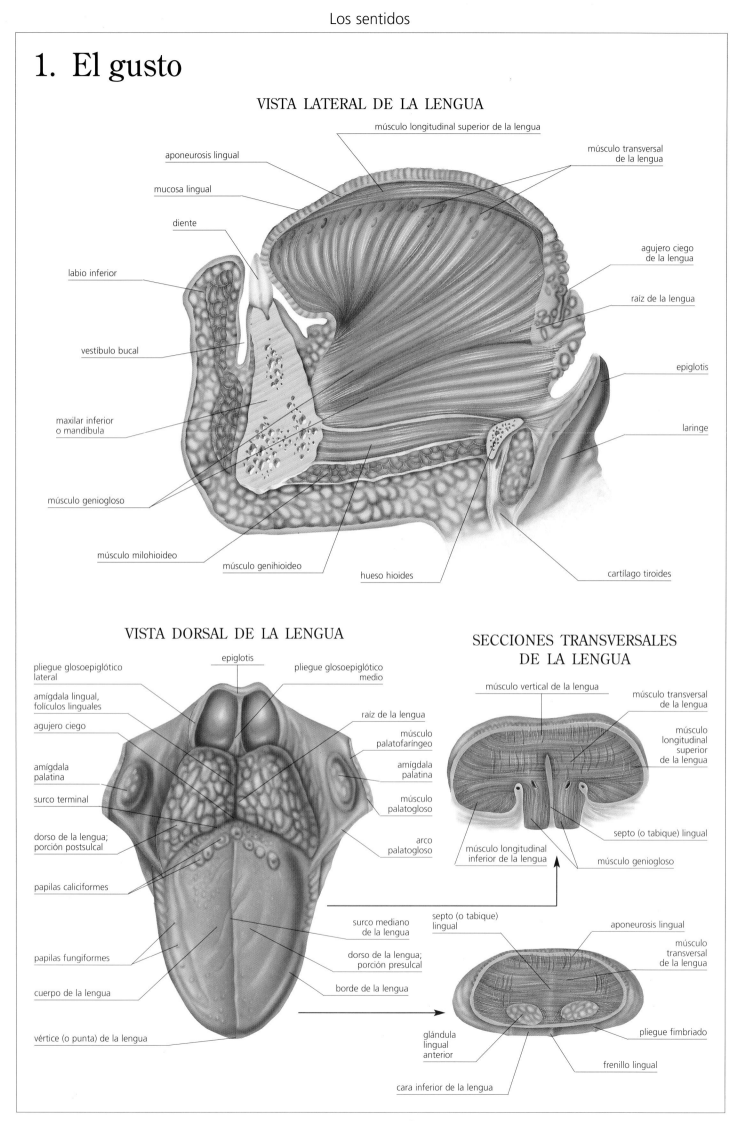

VISTA LATERAL DE LA LENGUA

músculo longitudinal superior de la lengua

músculo transversal de la lengua

aponeurosis lingual

mucosa lingual

diente

agujero ciego de la lengua

labio inferior

raíz de la lengua

vestíbulo bucal

epiglotis

maxilar inferior o mandíbula

laringe

músculo geniogloso

músculo milohioideo

músculo genihioideo

hueso hioides

cartílago tiroides

VISTA DORSAL DE LA LENGUA

SECCIONES TRANSVERSALES DE LA LENGUA

pliegue glosoepiglótico lateral

epiglotis

pliegue glosoepiglótico medio

músculo vertical de la lengua

músculo transversal de la lengua

amígdala lingual, folículos linguales

raíz de la lengua

agujero ciego

músculo palatofaríngeo

músculo longitudinal superior de la lengua

amígdala palatina

amígdala palatina

surco terminal

músculo palatogloso

dorso de la lengua; porción postsulcal

arco palatogloso

músculo longitudinal inferior de la lengua

septo (o tabique) lingual

papilas caliciformes

músculo geniogloso

surco mediano de la lengua

septo (o tabique) lingual

aponeurosis lingual

papilas fungiformes

dorso de la lengua; porción presulcal

músculo transversal de la lengua

cuerpo de la lengua

borde de la lengua

vértice (o punta) de la lengua

glándula lingual anterior

pliegue fimbriado

frenillo lingual

cara inferior de la lengua

2. El gusto

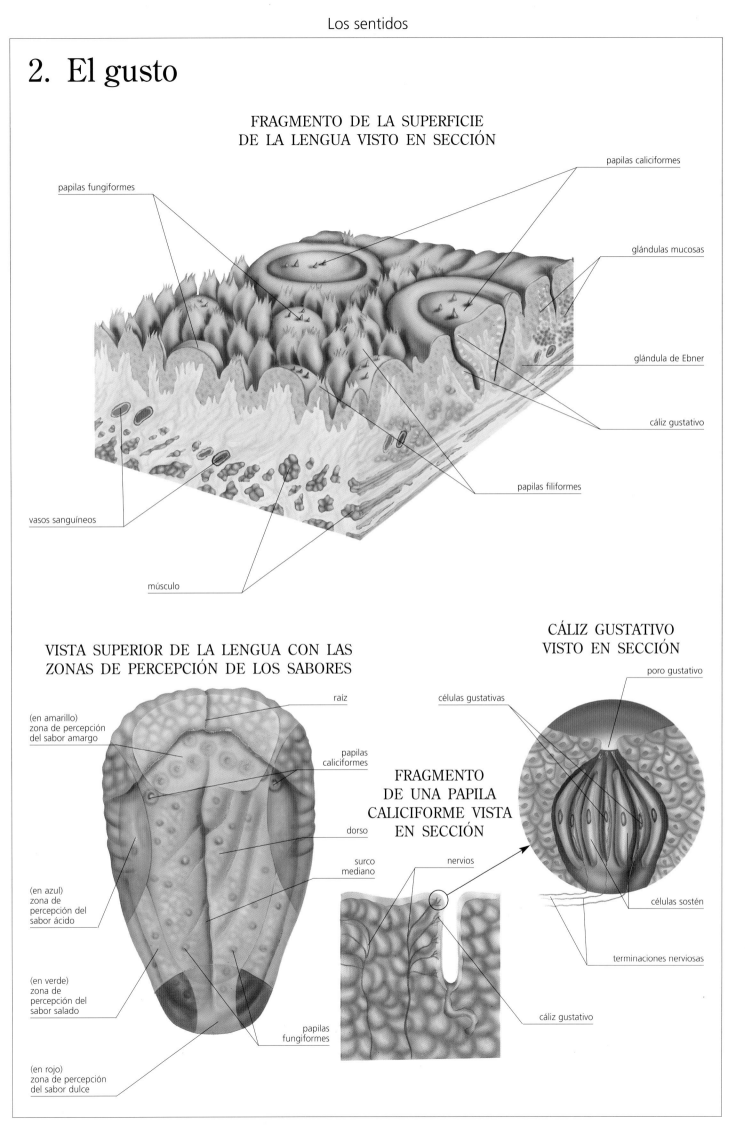

FRAGMENTO DE LA SUPERFICIE
DE LA LENGUA VISTO EN SECCIÓN

papilas caliciformes

papilas fungiformes

glándulas mucosas

glándula de Ebner

cáliz gustativo

papilas filiformes

vasos sanguíneos

músculo

VISTA SUPERIOR DE LA LENGUA CON LAS
ZONAS DE PERCEPCIÓN DE LOS SABORES

CÁLIZ GUSTATIVO
VISTO EN SECCIÓN

poro gustativo

células gustativas

raíz

(en amarillo)
zona de percepción
del sabor amargo

papilas
caliciformes

FRAGMENTO
DE UNA PAPILA
CALICIFORME VISTA
EN SECCIÓN

dorso

surco
mediano

nervios

(en azul)
zona de
percepción del
sabor ácido

células sostén

terminaciones nerviosas

(en verde)
zona de
percepción del
sabor salado

papilas
fungiformes

cáliz gustativo

(en rojo)
zona de percepción
del sabor dulce

3. El gusto

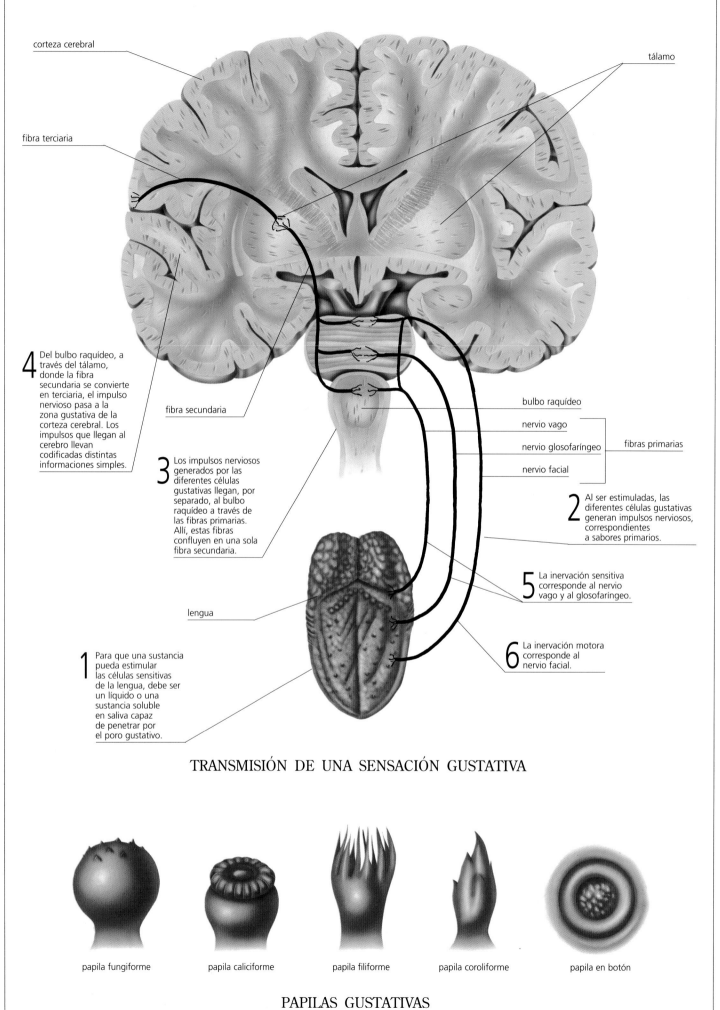

corteza cerebral

tálamo

fibra terciaria

4 Del bulbo raquídeo, a través del tálamo, donde la fibra secundaria se convierte en terciaria, el impulso nervioso pasa a la zona gustativa de la corteza cerebral. Los impulsos que llegan al cerebro llevan codificadas distintas informaciones simples.

fibra secundaria

bulbo raquídeo

nervio vago

nervio glosofaríngeo

nervio facial

fibras primarias

3 Los impulsos nerviosos generados por las diferentes células gustativas llegan, por separado, al bulbo raquídeo a través de las fibras primarias. Allí, estas fibras confluyen en una sola fibra secundaria.

2 Al ser estimuladas, las diferentes células gustativas generan impulsos nerviosos, correspondientes a sabores primarios.

5 La inervación sensitiva corresponde al nervio vago y al glosofaríngeo.

lengua

6 La inervación motora corresponde al nervio facial.

1 Para que una sustancia pueda estimular las células sensitivas de la lengua, debe ser un líquido o una sustancia soluble en saliva capaz de penetrar por el poro gustativo.

TRANSMISIÓN DE UNA SENSACIÓN GUSTATIVA

papila fungiforme

papila caliciforme

papila filiforme

papila coroliforme

papila en botón

PAPILAS GUSTATIVAS

1. El tacto

SECCIÓN DE LA PIEL

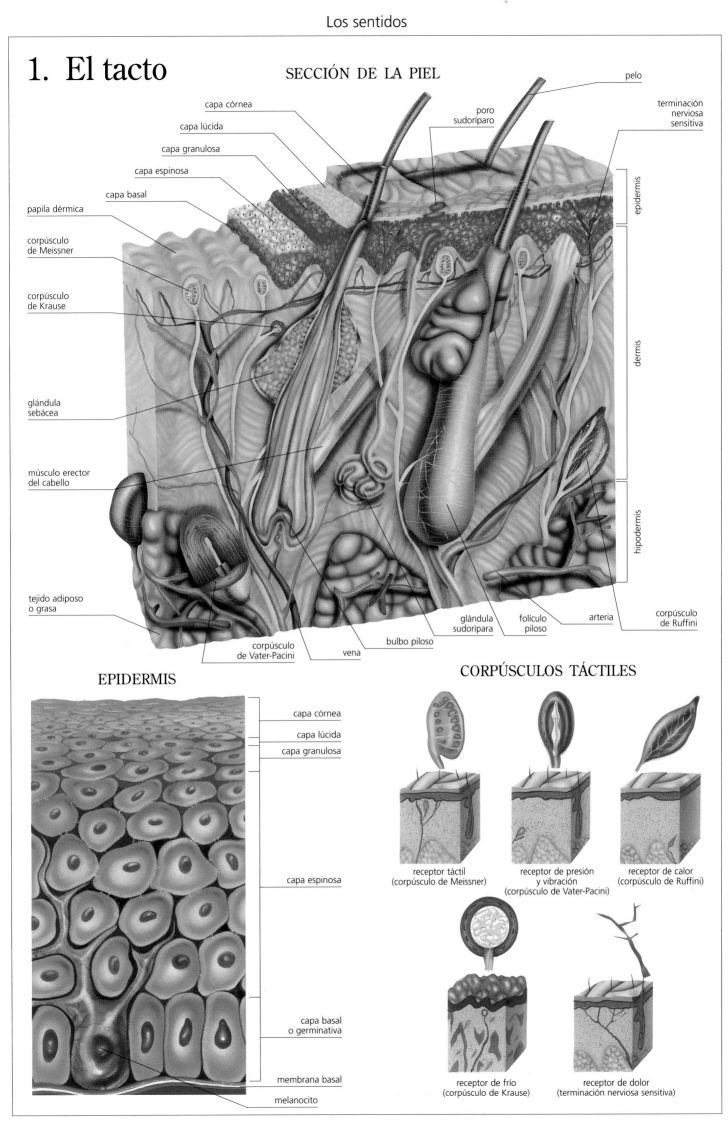

capa córnea

capa lúcida

capa granulosa

capa espinosa

capa basal

papila dérmica

corpúsculo de Meissner

corpúsculo de Krause

glándula sebácea

músculo erector del cabello

tejido adiposo o grasa

corpúsculo de Vater-Pacini

vena

bulbo piloso

glándula sudorípara

folículo piloso

arteria

corpúsculo de Ruffini

poro sudoríparo

pelo

terminación nerviosa sensitiva

epidermis

dermis

hipodermis

EPIDERMIS

capa córnea

capa lúcida

capa granulosa

capa espinosa

capa basal o germinativa

membrana basal

melanocito

CORPÚSCULOS TÁCTILES

receptor táctil (corpúsculo de Meissner)

receptor de presión y vibración (corpúsculo de Vater-Pacini)

receptor de calor (corpúsculo de Ruffini)

receptor de frío (corpúsculo de Krause)

receptor de dolor (terminación nerviosa sensitiva)

71

2. El tacto

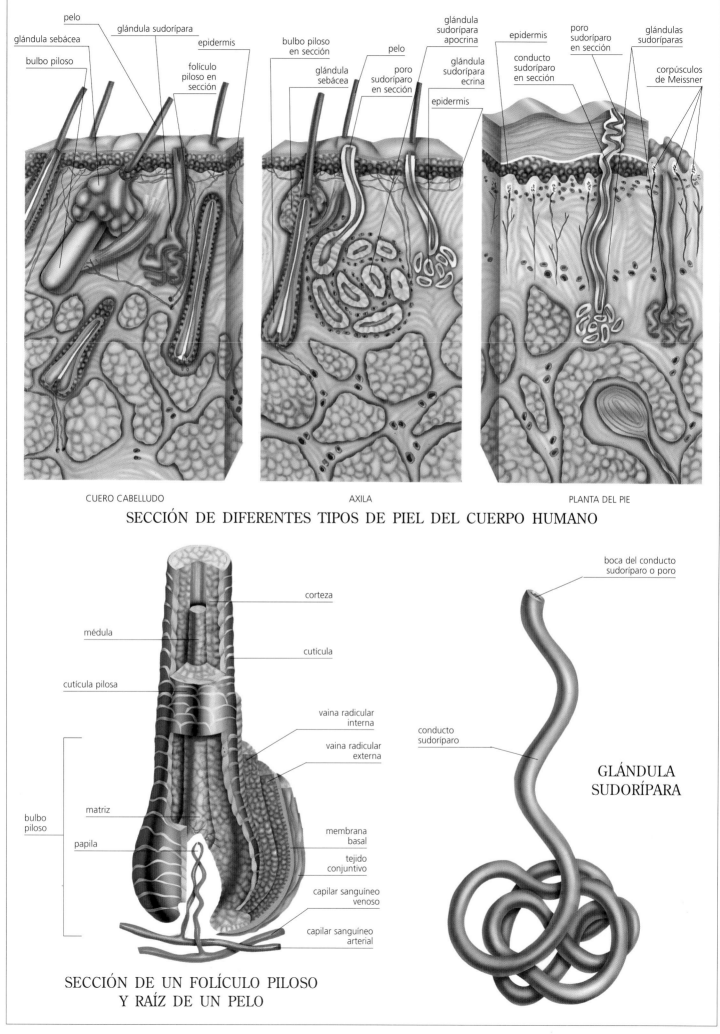

SECCIÓN DE DIFERENTES TIPOS DE PIEL DEL CUERPO HUMANO

CUERO CABELLUDO

AXILA

PLANTA DEL PIE

pelo

glándula sebácea

glándula sudorípara

epidermis

bulbo piloso

folículo piloso en sección

bulbo piloso en sección

glándula sebácea

pelo

poro sudoríparo en sección

glándula sudorípara apocrina

glándula sudorípara ecrina

epidermis

epidermis

poro sudoríparo en sección

conducto sudoríparo en sección

glándulas sudoríparas

corpúsculos de Meissner

SECCIÓN DE UN FOLÍCULO PILOSO Y RAÍZ DE UN PELO

médula

cutícula pilosa

bulbo piloso

matriz

papila

corteza

cutícula

vaina radicular interna

vaina radicular externa

membrana basal

tejido conjuntivo

capilar sanguíneo venoso

capilar sanguíneo arterial

GLÁNDULA SUDORÍPARA

boca del conducto sudoríparo o poro

conducto sudoríparo

3. El tacto

ACTO REFLEJO
O RESPUESTA INMEDIATA
DEL ORGANISMO FRENTE
A AGRESIONES EXTERNAS
QUE PRODUCEN DOLOR

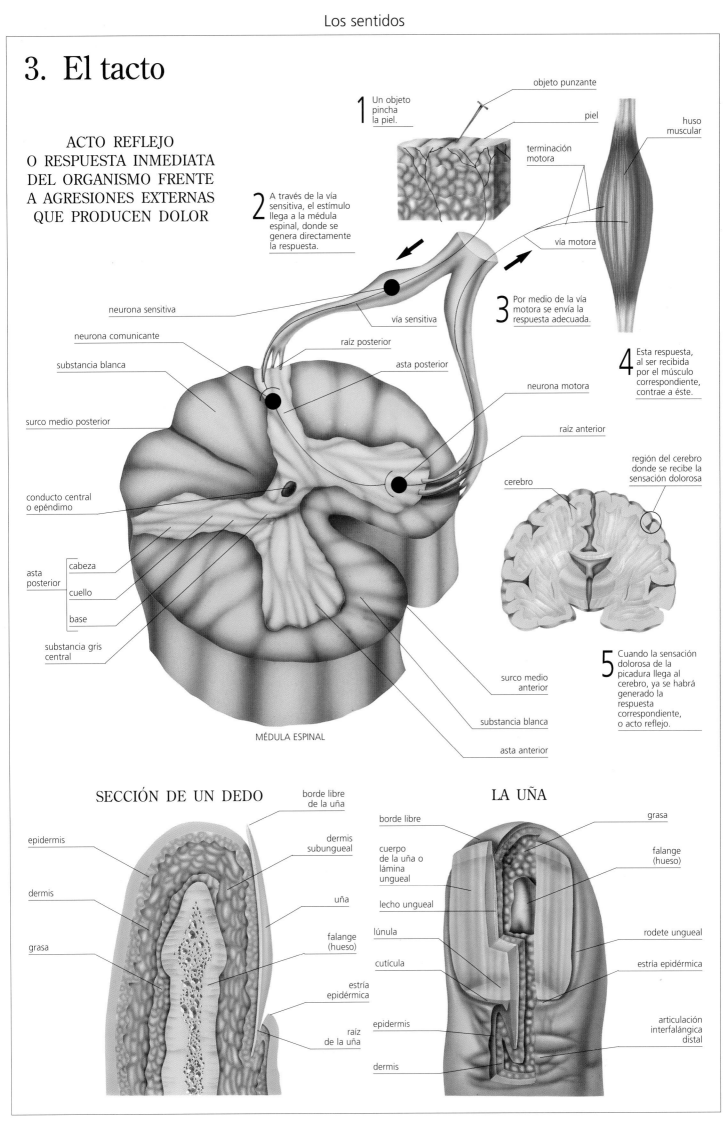

1 Un objeto pincha la piel.

objeto punzante

piel

terminación motora

huso muscular

2 A través de la vía sensitiva, el estímulo llega a la médula espinal, donde se genera directamente la respuesta.

vía motora

neurona sensitiva

vía sensitiva

3 Por medio de la vía motora se envía la respuesta adecuada.

neurona comunicante

raíz posterior

asta posterior

substancia blanca

neurona motora

4 Esta respuesta, al ser recibida por el músculo correspondiente, contrae a éste.

surco medio posterior

raíz anterior

región del cerebro donde se recibe la sensación dolorosa

cerebro

conducto central o epéndimo

asta posterior

cabeza

cuello

base

substancia gris central

surco medio anterior

substancia blanca

MÉDULA ESPINAL

asta anterior

5 Cuando la sensación dolorosa de la picadura llega al cerebro, ya se habrá generado la respuesta correspondiente, o acto reflejo.

SECCIÓN DE UN DEDO

borde libre de la uña

epidermis

dermis subungueal

dermis

uña

grasa

falange (hueso)

estría epidérmica

raíz de la uña

LA UÑA

borde libre

cuerpo de la uña o lámina ungueal

lecho ungueal

lúnula

cutícula

epidermis

dermis

grasa

falange (hueso)

rodete ungueal

estría epidérmica

articulación interfalángica distal

El aparato excretor
1. El aparato urinario

VISIÓN FRONTAL DEL APARATO URINARIO

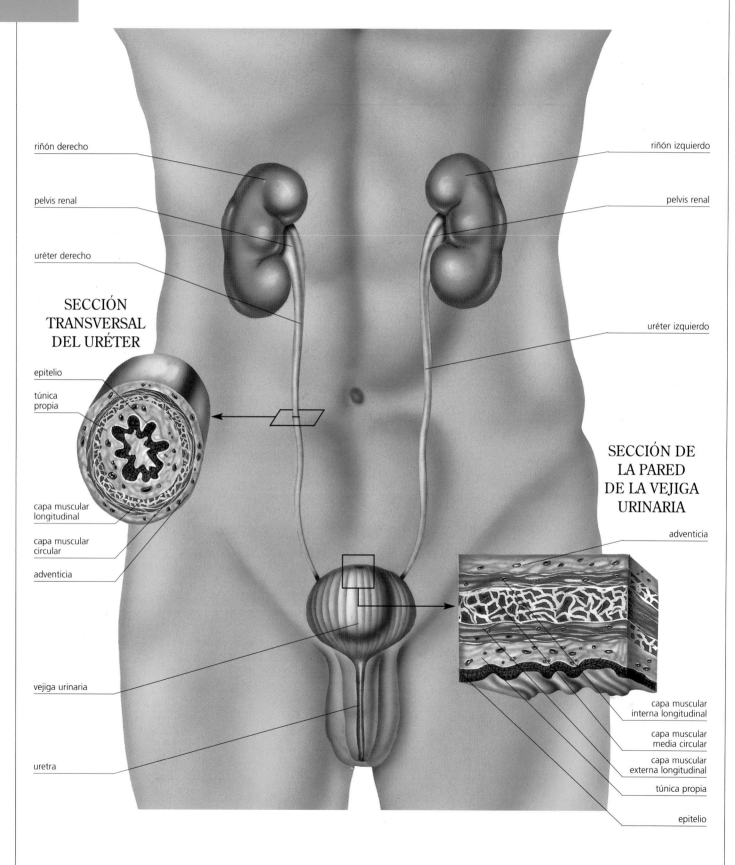

riñón derecho

pelvis renal

uréter derecho

riñón izquierdo

pelvis renal

uréter izquierdo

SECCIÓN
TRANSVERSAL
DEL URÉTER

epitelio

túnica
propia

capa muscular
longitudinal

capa muscular
circular

adventicia

SECCIÓN DE
LA PARED
DE LA VEJIGA
URINARIA

adventicia

vejiga urinaria

uretra

capa muscular
interna longitudinal

capa muscular
media circular

capa muscular
externa longitudinal

túnica propia

epitelio

2. El riñón

VISTA FRONTAL DE LOS RIÑONES

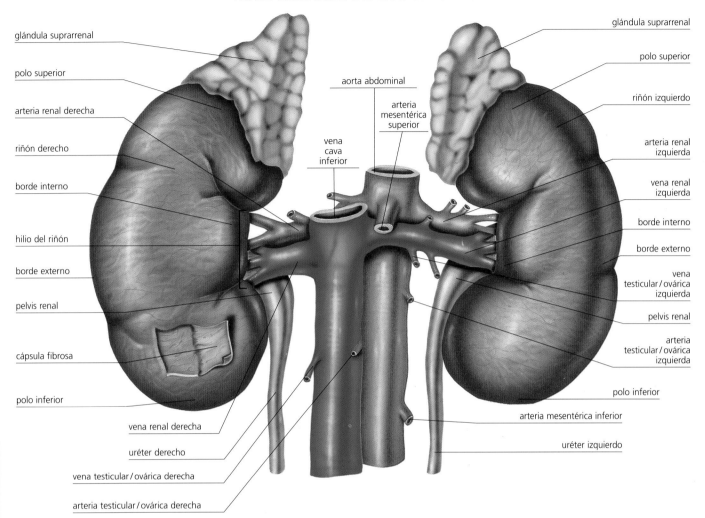

glándula suprarrenal

polo superior

arteria renal derecha

riñón derecho

borde interno

hilio del riñón

borde externo

pelvis renal

cápsula fibrosa

polo inferior

vena renal derecha

uréter derecho

vena testicular / ovárica derecha

arteria testicular / ovárica derecha

aorta abdominal

arteria mesentérica superior

vena cava inferior

glándula suprarrenal

polo superior

riñón izquierdo

arteria renal izquierda

vena renal izquierda

borde interno

borde externo

vena testicular / ovárica izquierda

pelvis renal

arteria testicular / ovárica izquierda

polo inferior

arteria mesentérica inferior

uréter izquierdo

VISTA FRONTAL EN SECCIÓN DEL RIÑÓN IZQUIERDO

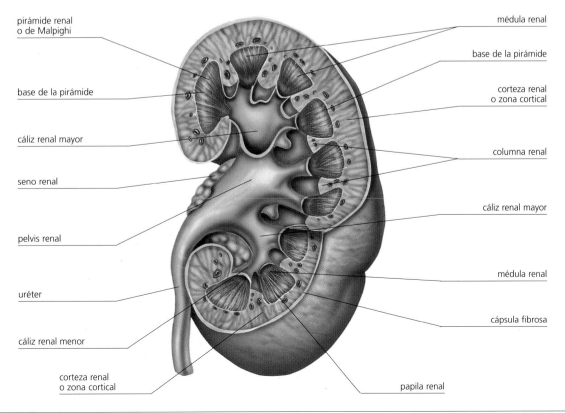

pirámide renal o de Malpighi

base de la pirámide

cáliz renal mayor

seno renal

pelvis renal

uréter

cáliz renal menor

corteza renal o zona cortical

médula renal

base de la pirámide

corteza renal o zona cortical

columna renal

cáliz renal mayor

médula renal

cápsula fibrosa

papila renal

3. La nefrona

ESQUEMA DE UNA NEFRONA O UNIDAD FUNCIONAL DEL RIÑÓN

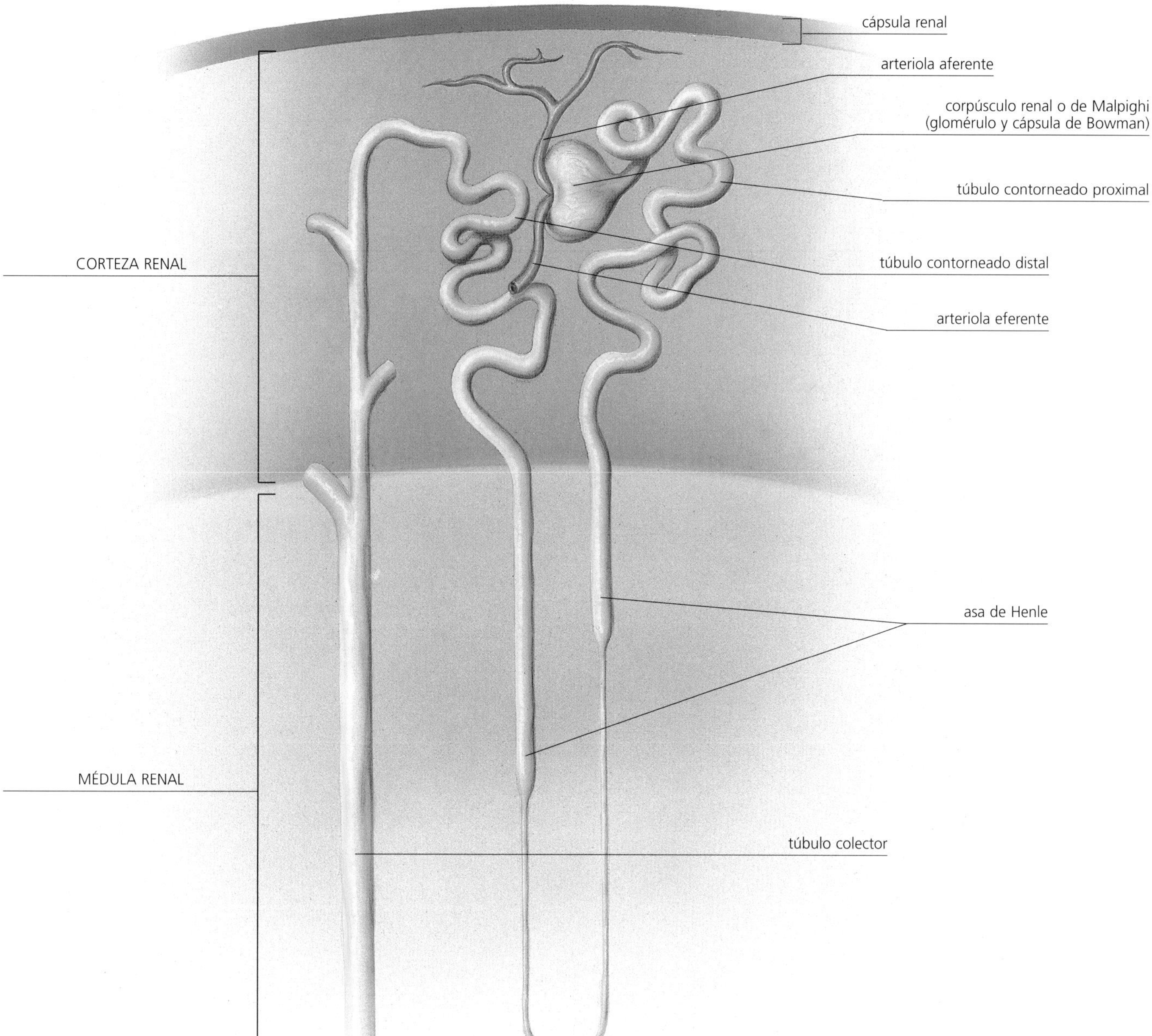

cápsula renal

arteriola aferente

corpúsculo renal o de Malpighi
(glomérulo y cápsula de Bowman)

túbulo contorneado proximal

CORTEZA RENAL

túbulo contorneado distal

arteriola eferente

asa de Henle

MÉDULA RENAL

túbulo colector

CORPÚSCULO RENAL O DE MALPIGHI

aparato
yuxtaglomerular

células yuxtaglomerulares

mácula densa

membrana basal

epitelio parietal

cápsula de Bowman

epitelio visceral

túbulo contorneado distal

túbulo proximal

arteriola eferente

espacio de Bowman

glomérulo renal

capilares glomerulares

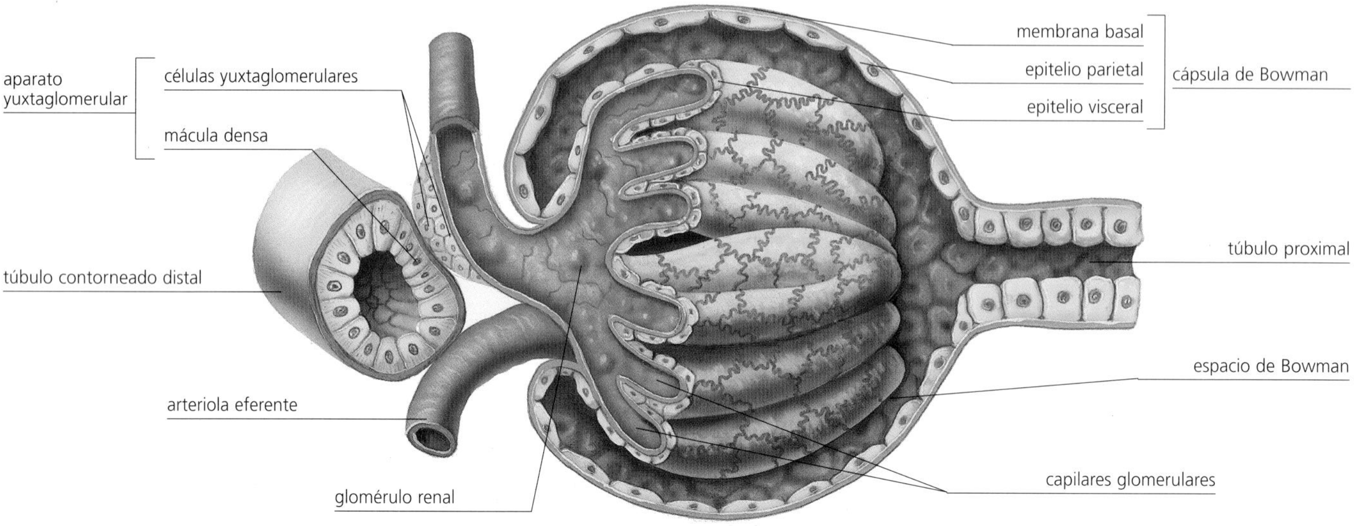

4. La vejiga urinaria y la uretra

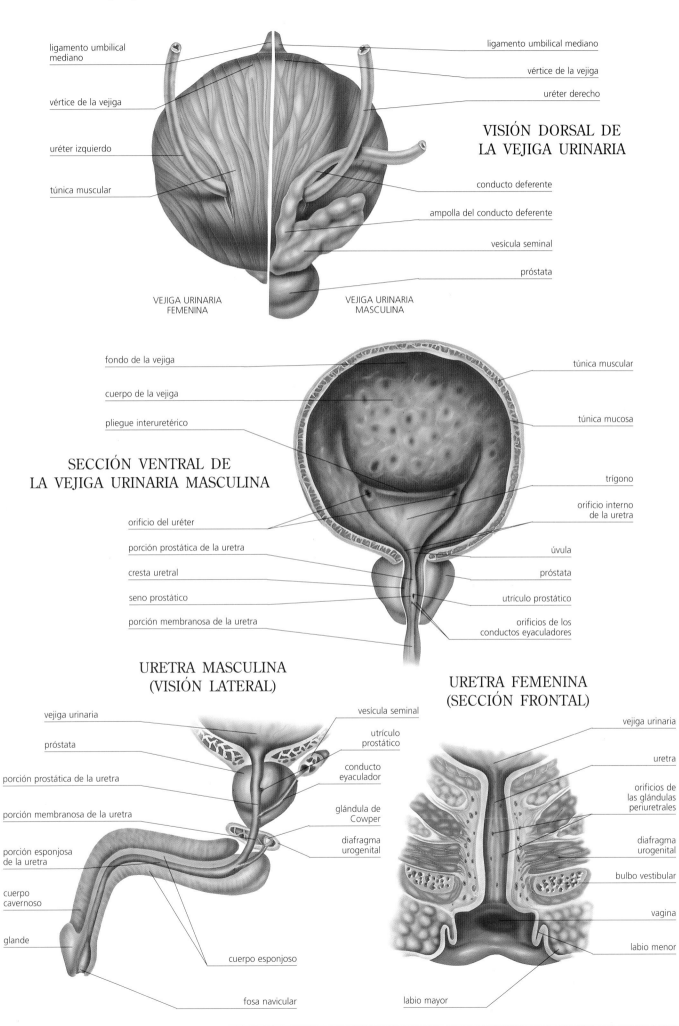

ligamento umbilical mediano

ligamento umbilical mediano

vértice de la vejiga

vértice de la vejiga

uréter derecho

uréter izquierdo

VISIÓN DORSAL DE LA VEJIGA URINARIA

túnica muscular

conducto deferente

ampolla del conducto deferente

vesícula seminal

próstata

VEJIGA URINARIA FEMENINA

VEJIGA URINARIA MASCULINA

fondo de la vejiga

túnica muscular

cuerpo de la vejiga

túnica mucosa

pliegue interuretérico

SECCIÓN VENTRAL DE LA VEJIGA URINARIA MASCULINA

trígono

orificio interno de la uretra

orificio del uréter

porción prostática de la uretra

úvula

cresta uretral

próstata

seno prostático

utrículo prostático

porción membranosa de la uretra

orificios de los conductos eyaculadores

URETRA MASCULINA (VISIÓN LATERAL)

URETRA FEMENINA (SECCIÓN FRONTAL)

vejiga urinaria

vesícula seminal

próstata

utrículo prostático

porción prostática de la uretra

conducto eyaculador

porción membranosa de la uretra

glándula de Cowper

diafragma urogenital

porción esponjosa de la uretra

cuerpo cavernoso

glande

cuerpo esponjoso

fosa navicular

vejiga urinaria

uretra

orificios de las glándulas periuretrales

diafragma urogenital

bulbo vestibular

vagina

labio menor

labio mayor

El aparato reproductor
1. Aparato genital masculino

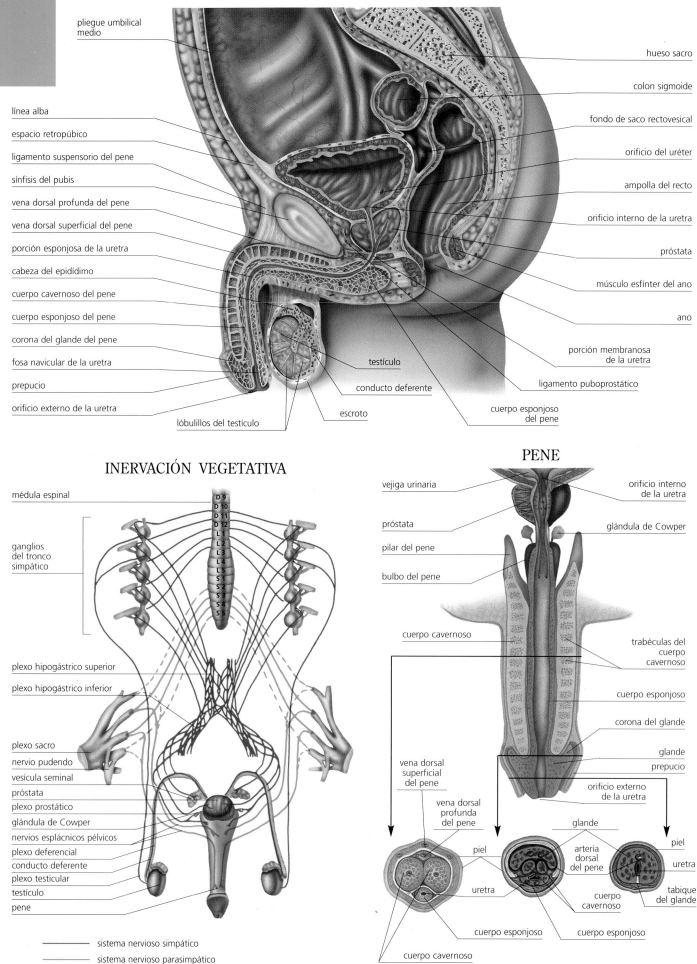

pliegue umbilical medio

hueso sacro

colon sigmoide

fondo de saco rectovesical

orificio del uréter

ampolla del recto

orificio interno de la uretra

próstata

músculo esfínter del ano

ano

porción membranosa de la uretra

ligamento puboprostático

cuerpo esponjoso del pene

línea alba

espacio retropúbico

ligamento suspensorio del pene

sínfisis del pubis

vena dorsal profunda del pene

vena dorsal superficial del pene

porción esponjosa de la uretra

cabeza del epidídimo

cuerpo cavernoso del pene

cuerpo esponjoso del pene

corona del glande del pene

fosa navicular de la uretra

prepucio

orificio externo de la uretra

lóbulillos del testículo

escroto

conducto deferente

testículo

INERVACIÓN VEGETATIVA

médula espinal

ganglios del tronco simpático

D 9
D 10
D 11
D 12
L 1
L 2
L 3
L 4
L 5
S 1
S 2
S 3
S 4
S 5

plexo hipogástrico superior

plexo hipogástrico inferior

plexo sacro

nervio pudendo

vesícula seminal

próstata

plexo prostático

glándula de Cowper

nervios esplácnicos pélvicos

plexo deferencial

conducto deferente

plexo testicular

testículo

pene

—— sistema nervioso simpático

—— sistema nervioso parasimpático

PENE

vejiga urinaria

próstata

pilar del pene

bulbo del pene

cuerpo cavernoso

vena dorsal superficial del pene

vena dorsal profunda del pene

orificio interno de la uretra

glándula de Cowper

trabéculas del cuerpo cavernoso

cuerpo esponjoso

corona del glande

glande

prepucio

orificio externo de la uretra

glande

piel

arteria dorsal del pene

uretra

piel

uretra

cuerpo cavernoso

cuerpo esponjoso

cuerpo esponjoso

tabique del glande

cuerpo cavernoso

2. Aparato genital femenino

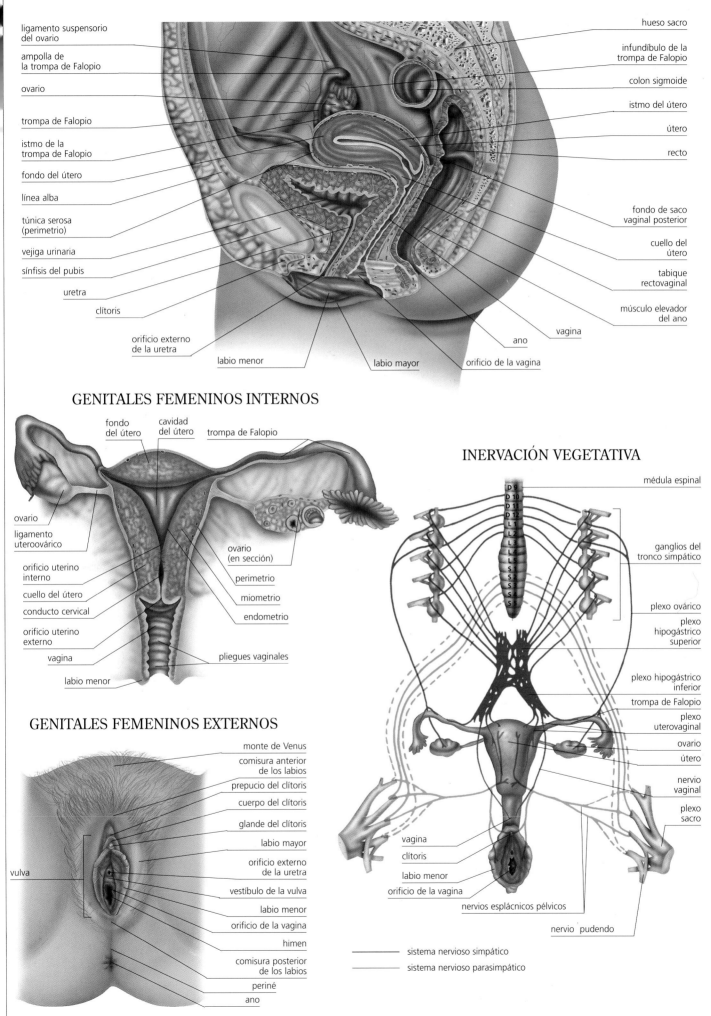

ligamento suspensorio del ovario

ampolla de la trompa de Falopio

ovario

trompa de Falopio

istmo de la trompa de Falopio

fondo del útero

línea alba

túnica serosa (perimetrio)

vejiga urinaria

sínfisis del pubis

uretra

clítoris

orificio externo de la uretra

labio menor

labio mayor

orificio de la vagina

ano

vagina

músculo elevador del ano

tabique rectovaginal

cuello del útero

fondo de saco vaginal posterior

recto

útero

istmo del útero

colon sigmoide

infundíbulo de la trompa de Falopio

hueso sacro

GENITALES FEMENINOS INTERNOS

fondo del útero

cavidad del útero

trompa de Falopio

ovario

ligamento uteroovárico

orificio uterino interno

cuello del útero

conducto cervical

orificio uterino externo

vagina

labio menor

ovario (en sección)

perimetrio

miometrio

endometrio

pliegues vaginales

GENITALES FEMENINOS EXTERNOS

vulva

monte de Venus

comisura anterior de los labios

prepucio del clítoris

cuerpo del clítoris

glande del clítoris

labio mayor

orificio externo de la uretra

vestíbulo de la vulva

labio menor

orificio de la vagina

himen

comisura posterior de los labios

periné

ano

INERVACIÓN VEGETATIVA

médula espinal

ganglios del tronco simpático

plexo ovárico

plexo hipogástrico superior

plexo hipogástrico inferior

trompa de Falopio

plexo uterovaginal

ovario

útero

nervio vaginal

plexo sacro

vagina

clítoris

labio menor

orificio de la vagina

nervios esplácnicos pélvicos

nervio pudendo

sistema nervioso simpático

sistema nervioso parasimpático

3. Elementos genitales masculinos

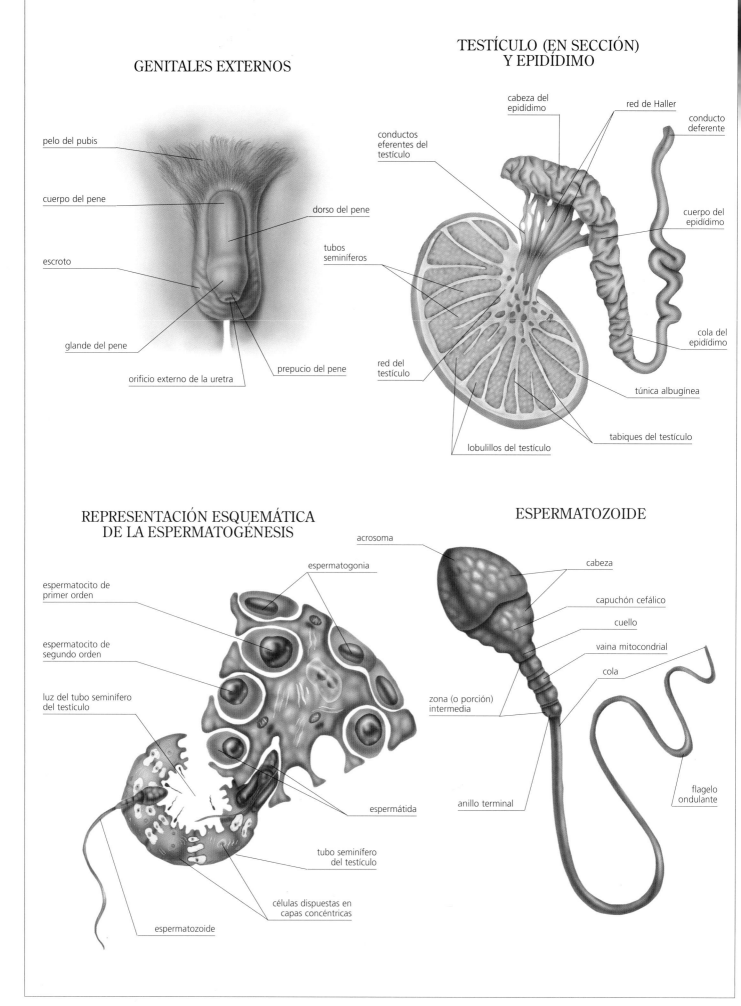

GENITALES EXTERNOS

- pelo del pubis
- cuerpo del pene
- escroto
- glande del pene
- orificio externo de la uretra
- dorso del pene
- prepucio del pene

TESTÍCULO (EN SECCIÓN) Y EPIDÍDIMO

- cabeza del epidídimo
- red de Haller
- conducto deferente
- conductos eferentes del testículo
- cuerpo del epidídimo
- tubos seminíferos
- cola del epidídimo
- red del testículo
- túnica albugínea
- tabiques del testículo
- lobulillos del testículo

REPRESENTACIÓN ESQUEMÁTICA DE LA ESPERMATOGÉNESIS

- espermatocito de primer orden
- espermatocito de segundo orden
- luz del tubo seminífero del testículo
- espermatozoide
- espermatogonia
- espermátida
- tubo seminífero del testículo
- células dispuestas en capas concéntricas

ESPERMATOZOIDE

- acrosoma
- cabeza
- capuchón cefálico
- cuello
- vaina mitocondrial
- cola
- zona (o porción) intermedia
- anillo terminal
- flagelo ondulante

4. Elementos genitales femeninos

SECCIÓN DE UN OVARIO Y EVOLUCIÓN DEL FOLÍCULO OVÁRICO

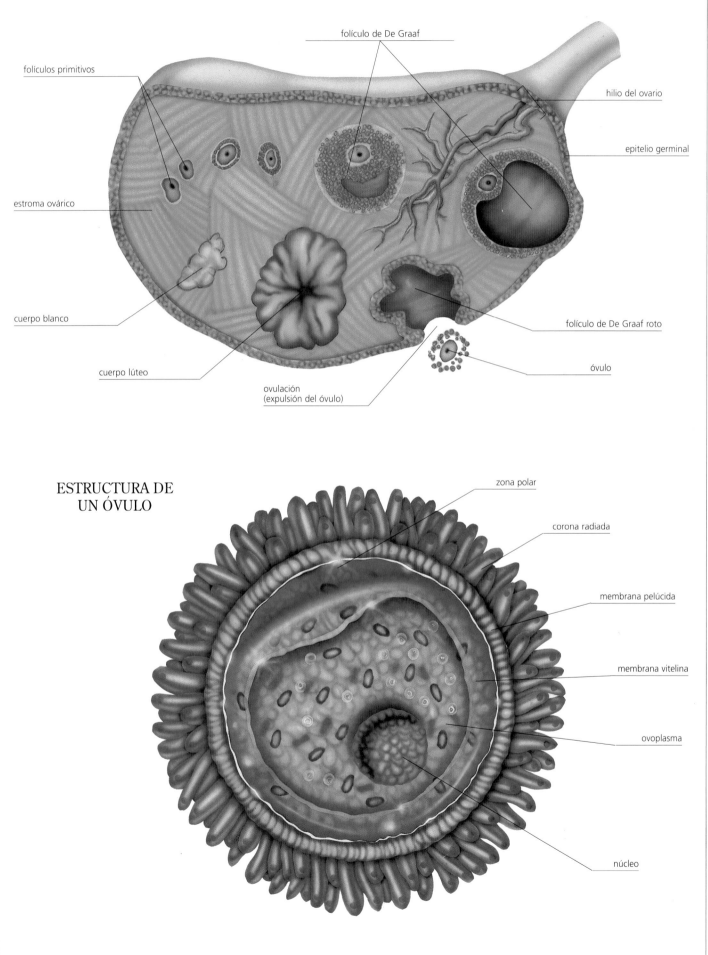

folículo de De Graaf

folículos primitivos

hilio del ovario

epitelio germinal

estroma ovárico

cuerpo blanco

folículo de De Graaf roto

cuerpo lúteo

óvulo

ovulación
(expulsión del óvulo)

ESTRUCTURA DE UN ÓVULO

zona polar

corona radiada

membrana pelúcida

membrana vitelina

ovoplasma

núcleo

5. Maduración y recorrido del óvulo sin fecundar

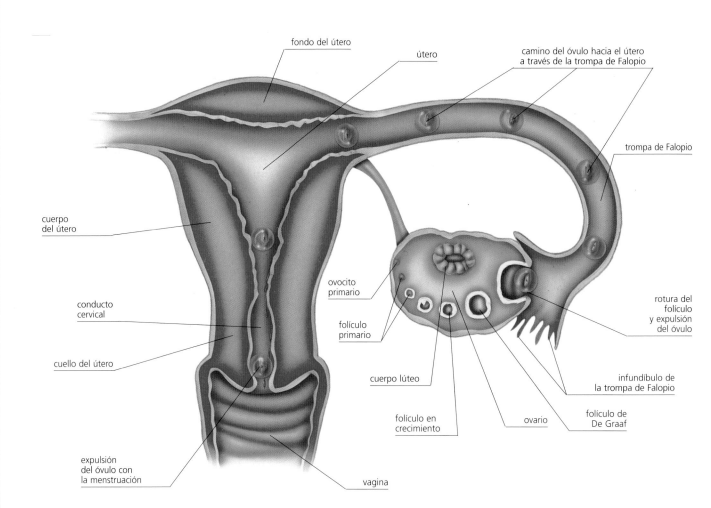

fondo del útero

útero

camino del óvulo hacia el útero a través de la trompa de Falopio

trompa de Falopio

cuerpo del útero

ovocito primario

folículo primario

rotura del folículo y expulsión del óvulo

conducto cervical

cuerpo lúteo

cuello del útero

infundíbulo de la trompa de Falopio

folículo en crecimiento

ovario

folículo de De Graaf

expulsión del óvulo con la menstruación

vagina

FASES DEL RECORRIDO DEL ÓVULO HASTA SU EXPULSIÓN CON LA MENSTRUACIÓN

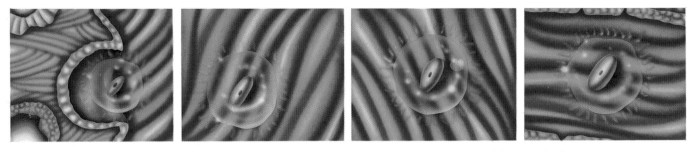

rotura del folículo y expulsión del óvulo

camino recorrido por el óvulo hacia el útero a través de la trompa de Falopio

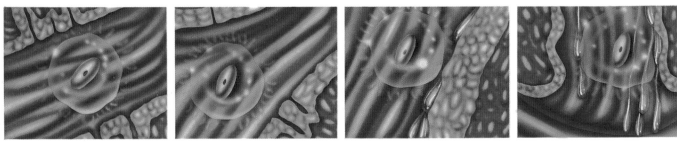

entrada del óvulo en la cavidad del útero

depositación del óvulo en el útero

expulsión del óvulo del útero, acompañado de mucosa y sangre

6. Maduración y recorrido del óvulo fecundado

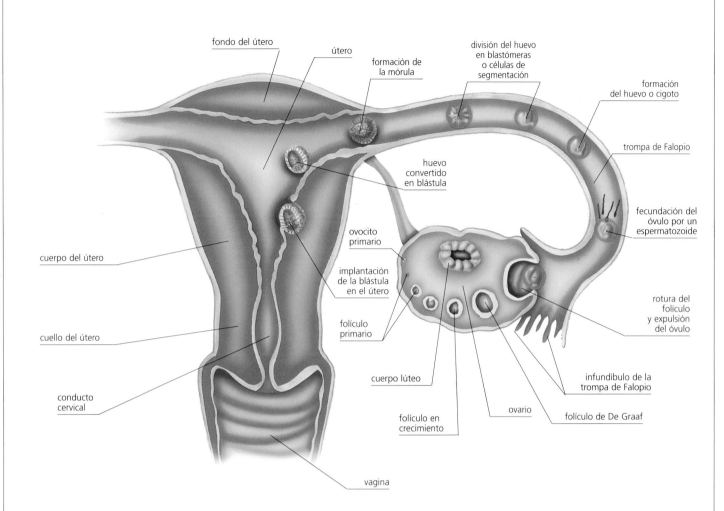

fondo del útero

útero

formación de la mórula

división del huevo en blastómeras o células de segmentación

formación del huevo o cigoto

huevo convertido en blástula

trompa de Falopio

fecundación del óvulo por un espermatozoide

cuerpo del útero

ovocito primario

implantación de la blástula en el útero

folículo primario

rotura del folículo y expulsión del óvulo

cuello del útero

conducto cervical

cuerpo lúteo

folículo en crecimiento

ovario

infundíbulo de la trompa de Falopio

folículo de De Graaf

vagina

OVULACIÓN, FECUNDACIÓN Y RECORRIDO
DEL HUEVO O CIGOTO HASTA SU NIDACIÓN EN EL ÚTERO

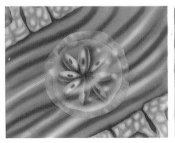

rotura del folículo y expulsión del óvulo

fecundación del óvulo por un espermatozoide y formación del cigoto

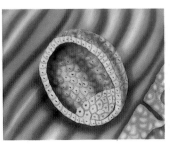

división del cigoto, camino del útero, en dos blastómeras

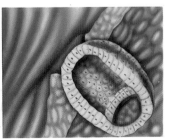

división del cigoto, camino del útero, en cuatro blastómeras

división del cigoto, camino del útero, en ocho blastómeras

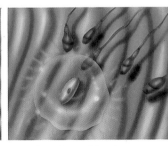

formación de la mórula, conglomerado de 32 blastómeras

formación de la blástula, conglomerado celular con una cavidad llena de líquido

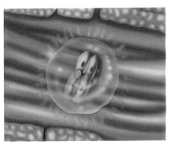

implantación de la blástula en la pared del útero

7. El ciclo menstrual

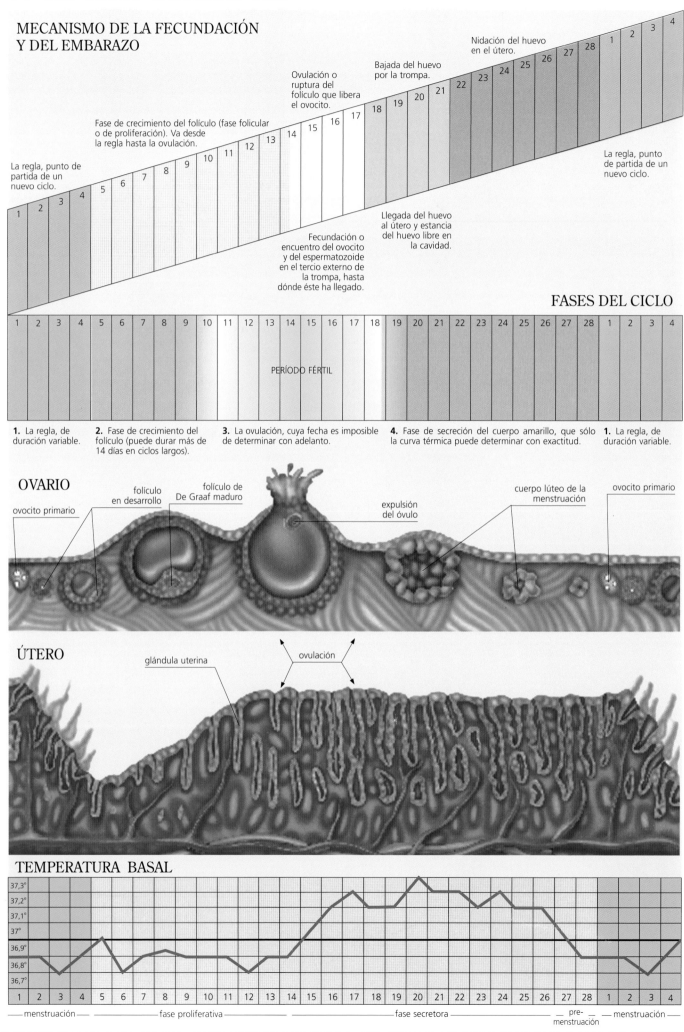

MECANISMO DE LA FECUNDACIÓN Y DEL EMBARAZO

La regla, punto de partida de un nuevo ciclo.

Fase de crecimiento del folículo (fase folicular o de proliferación). Va desde la regla hasta la ovulación.

Ovulación o ruptura del folículo que libera el ovocito.

Bajada del huevo por la trompa.

Nidación del huevo en el útero.

La regla, punto de partida de un nuevo ciclo.

Llegada del huevo al útero y estancia del huevo libre en la cavidad.

Fecundación o encuentro del ovocito y del espermatozoide en el tercio externo de la trompa, hasta dónde éste ha llegado.

FASES DEL CICLO

PERÍODO FÉRTIL

1. La regla, de duración variable.

2. Fase de crecimiento del folículo (puede durar más de 14 días en ciclos largos).

3. La ovulación, cuya fecha es imposible de determinar con adelanto.

4. Fase de secreción del cuerpo amarillo, que sólo la curva térmica puede determinar con exactitud.

1. La regla, de duración variable.

OVARIO

ovocito primario

folículo en desarrollo

folículo de De Graaf maduro

expulsión del óvulo

cuerpo lúteo de la menstruación

ovocito primario

ÚTERO

glándula uterina

ovulación

TEMPERATURA BASAL

— menstruación — fase proliferativa — fase secretora — pre-menstruación — menstruación —

8. La fecundación

FECUNDACIÓN Y NIDACIÓN

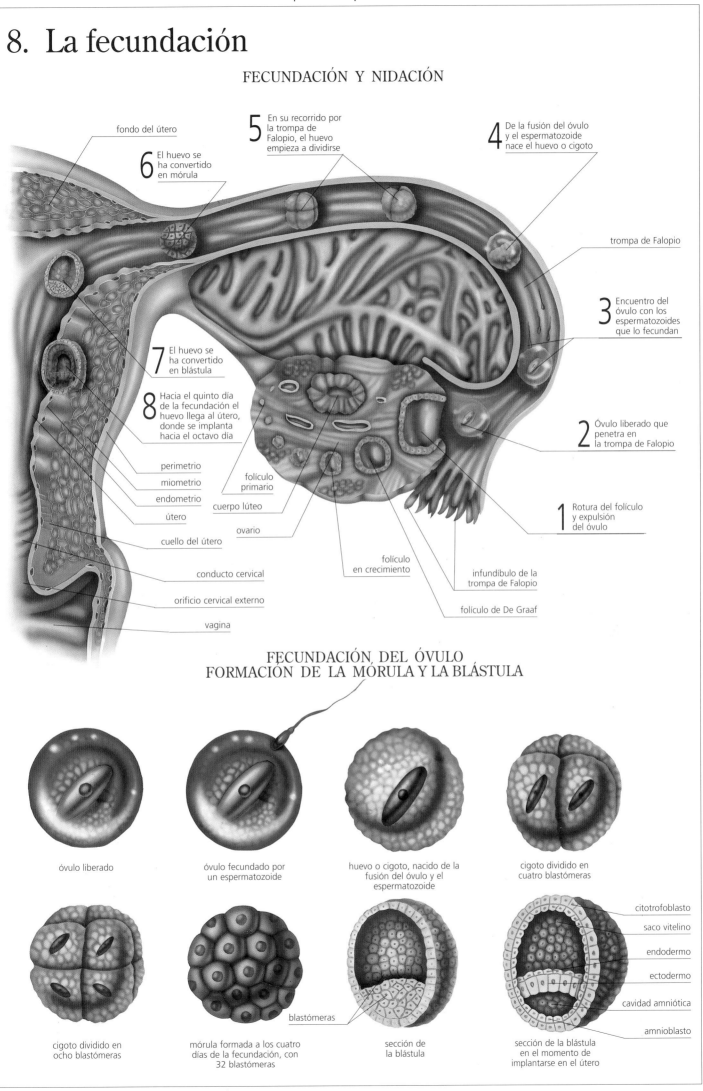

fondo del útero

6 El huevo se ha convertido en mórula

5 En su recorrido por la trompa de Falopio, el huevo empieza a dividirse

4 De la fusión del óvulo y el espermatozoide nace el huevo o cigoto

trompa de Falopio

3 Encuentro del óvulo con los espermatozoides que lo fecundan

7 El huevo se ha convertido en blástula

8 Hacia el quinto día de la fecundación el huevo llega al útero, donde se implanta hacia el octavo día

2 Óvulo liberado que penetra en la trompa de Falopio

perimetrio

miometrio

endometrio

útero

1 Rotura del folículo y expulsión del óvulo

folículo primario

cuerpo lúteo

cuello del útero

ovario

conducto cervical

folículo en crecimiento

infundíbulo de la trompa de Falopio

orificio cervical externo

folículo de De Graaf

vagina

FECUNDACIÓN DEL ÓVULO
FORMACIÓN DE LA MÓRULA Y LA BLÁSTULA

óvulo liberado

óvulo fecundado por un espermatozoide

huevo o cigoto, nacido de la fusión del óvulo y el espermatozoide

cigoto dividido en cuatro blastómeras

cigoto dividido en ocho blastómeras

mórula formada a los cuatro días de la fecundación, con 32 blastómeras

blastómeras

sección de la blástula

citotrofoblasto

saco vitelino

endodermo

ectodermo

cavidad amniótica

amnioblasto

sección de la blástula en el momento de implantarse en el útero

9. Placenta y desarrollo del feto

SECCIÓN DE LA PLACENTA

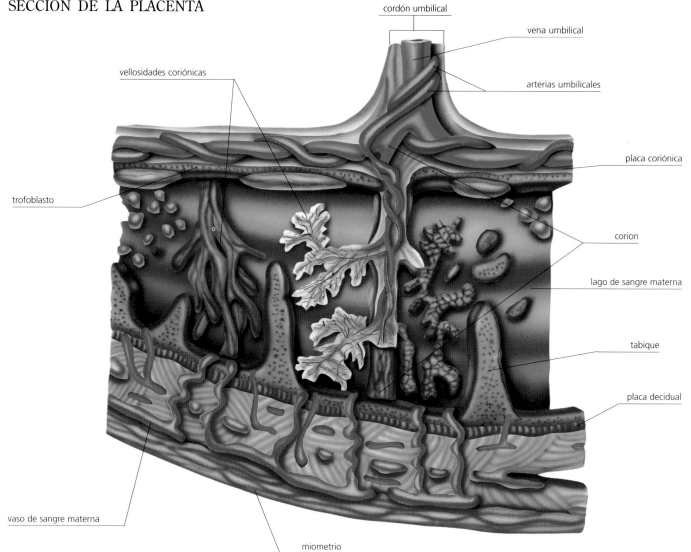

cordón umbilical

vena umbilical

vellosidades coriónicas

arterias umbilicales

placa coriónica

trofoblasto

corion

lago de sangre materna

tabique

placa decidual

vaso de sangre materna

miometrio

DESARROLLO DEL FETO EN EL VIENTRE MATERNO

TERCER MES
Feto completamente formado.
Inicio de un período de
crecimiento muy rápido.

QUINTO MES
El feto empieza a moverse
activamente y reacciona
a los sonidos.

SÉPTIMO MES
Importante maduración de
los órganos internos. Está en
condiciones de sobrevivir.

NOVENO MES
Feto totalmente desarrollado.
Se encaja perfectamente en la
pelvis materna para el parto.

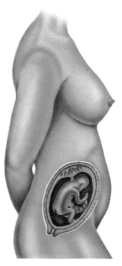
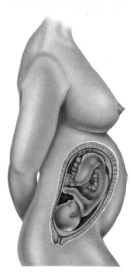
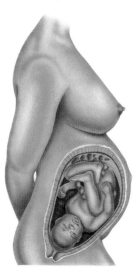

10. El feto durante la gestación

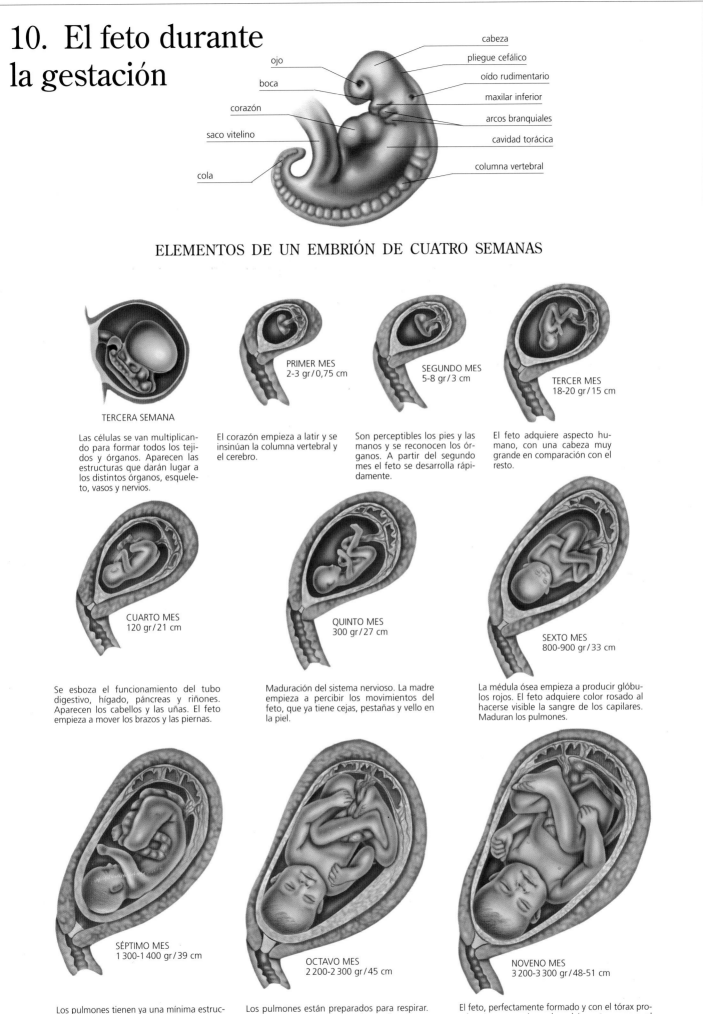

cabeza

ojo

pliegue cefálico

boca

oído rudimentario

corazón

maxilar inferior

saco vitelino

arcos branquiales

cola

cavidad torácica

columna vertebral

ELEMENTOS DE UN EMBRIÓN DE CUATRO SEMANAS

TERCERA SEMANA

Las células se van multiplicando para formar todos los tejidos y órganos. Aparecen las estructuras que darán lugar a los distintos órganos, esqueleto, vasos y nervios.

PRIMER MES
2-3 gr / 0,75 cm

El corazón empieza a latir y se insinúan la columna vertebral y el cerebro.

SEGUNDO MES
5-8 gr / 3 cm

Son perceptibles los pies y las manos y se reconocen los órganos. A partir del segundo mes el feto se desarrolla rápidamente.

TERCER MES
18-20 gr / 15 cm

El feto adquiere aspecto humano, con una cabeza muy grande en comparación con el resto.

CUARTO MES
120 gr / 21 cm

Se esboza el funcionamiento del tubo digestivo, hígado, páncreas y riñones. Aparecen los cabellos y las uñas. El feto empieza a mover los brazos y las piernas.

QUINTO MES
300 gr / 27 cm

Maduración del sistema nervioso. La madre empieza a percibir los movimientos del feto, que ya tiene cejas, pestañas y vello en la piel.

SEXTO MES
800-900 gr / 33 cm

La médula ósea empieza a producir glóbulos rojos. El feto adquiere color rosado al hacerse visible la sangre de los capilares. Maduran los pulmones.

SÉPTIMO MES
1 300-1 400 gr / 39 cm

Los pulmones tienen ya una mínima estructura que permitiría la supervivencia del bebé en caso de un parto prematuro. El feto ha experimentado un gran crecimiento. Los órganos internos van madurando para la vida en el exterior.

OCTAVO MES
2 200-2 300 gr / 45 cm

Los pulmones están preparados para respirar. La piel presenta un color rosado y es lisa.

NOVENO MES
3 200-3 300 gr / 48-51 cm

El feto, perfectamente formado y con el tórax prominente, se encaja en la pelvis materna para el momento del parto. Parece mucho más grueso porque tiene grasa debajo de la piel.

11. Abdomen de una mujer embarazada

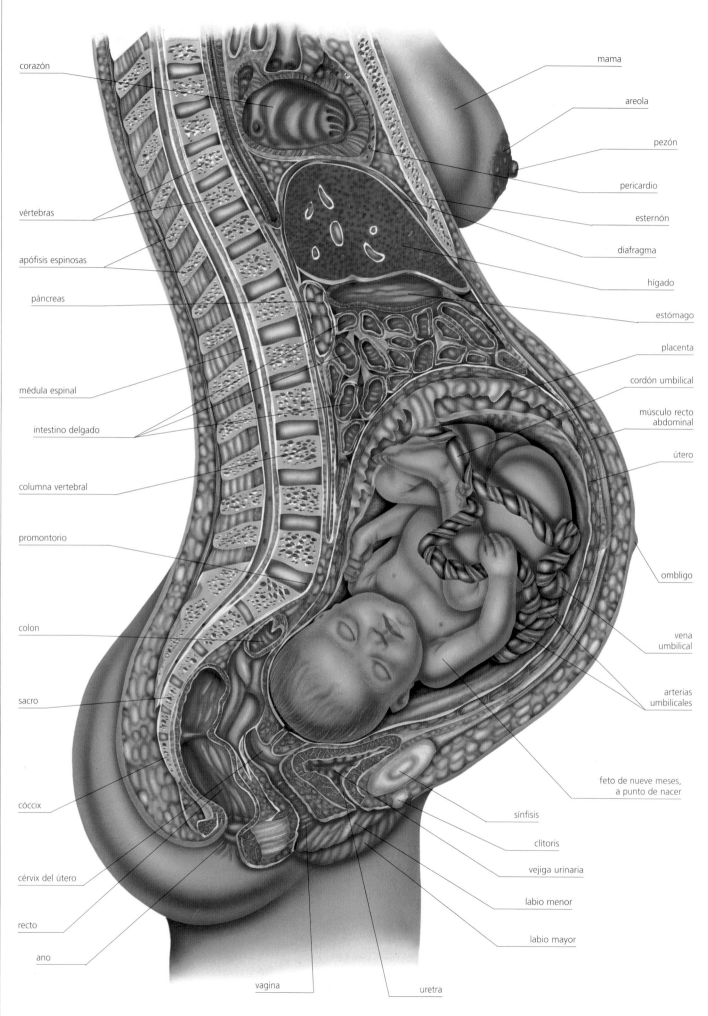

corazón

mama

areola

pezón

pericardio

vértebras

esternón

apófisis espinosas

diafragma

páncreas

hígado

estómago

placenta

cordón umbilical

médula espinal

músculo recto abdominal

intestino delgado

útero

columna vertebral

promontorio

ombligo

colon

vena umbilical

sacro

arterias umbilicales

cóccix

feto de nueve meses, a punto de nacer

sínfisis

clítoris

cérvix del útero

vejiga urinaria

recto

labio menor

ano

labio mayor

vagina

uretra

12. La placenta. El parto

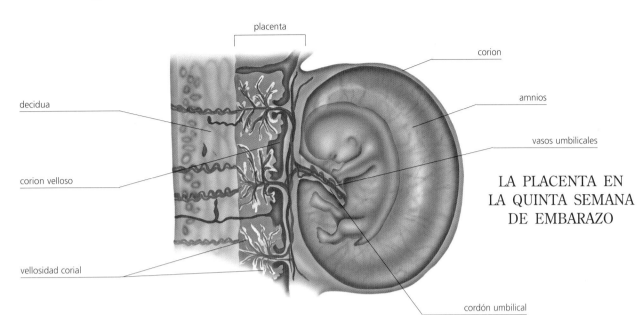

placenta

corion

amnios

vasos umbilicales

decidua

corion velloso

vellosidad corial

cordón umbilical

LA PLACENTA EN LA QUINTA SEMANA DE EMBARAZO

EL PROCESO DEL PARTO

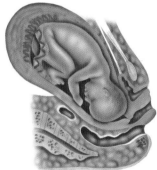

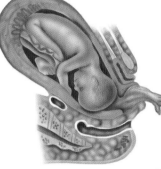

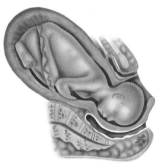

1 Entre tres o cuatro semanas (madres primerizas) y unas horas (madres multíparas) antes del parto, la cabeza del feto se coloca frente a la salida de la pelvis materna.

2 Los músculos del útero empiezan a contraerse de forma irregular y con intensidad diferente. Estas contracciones hacen que la bolsa que envuelve el feto se rompa y el líquido que contiene (unos 2 litros) se derrame y el bebé sea empujado hacia el exterior.

3 El cuello del útero empieza a dilatarse hasta una anchura de unos 10 cm para facilitar la salida del feto al exterior. Las contracciones se hacen cada vez más intensas e intermitentes.

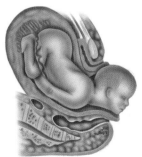

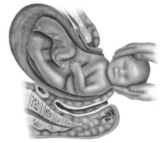

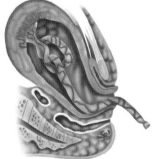

4 En un parto normal lo primero que sale al exterior es la cabeza del feto. Si la madre no ha dilatado suficientemente, es preciso practicarle una escisión en el perineo para evitar complicaciones.

5 Después de salir de cabeza, el cuerpo del bebé gira y va saliendo al exterior. La duración de esta fase es variable como las de todas las del proceso.

6 Una vez el bebé está fuera del vientre de la madre, queda unido aún a la placenta mediante el cordón umbilical, que debe cortarse. La placenta queda en el vientre materno con los residuos correspondientes.

7 La parte del cordón umbilical, la placenta y demás residuos son expulsados al exterior aproximadamente un cuarto de hora más tarde mediante fuertes contracciones de la musculatura uterina.

8 La placenta con el cordón umbilical ya expulsado del vientre materno, después del llamado *alumbramiento*. El proceso del parto propiamente dicho ha terminado.

13. Pecho y glándulas mamarias

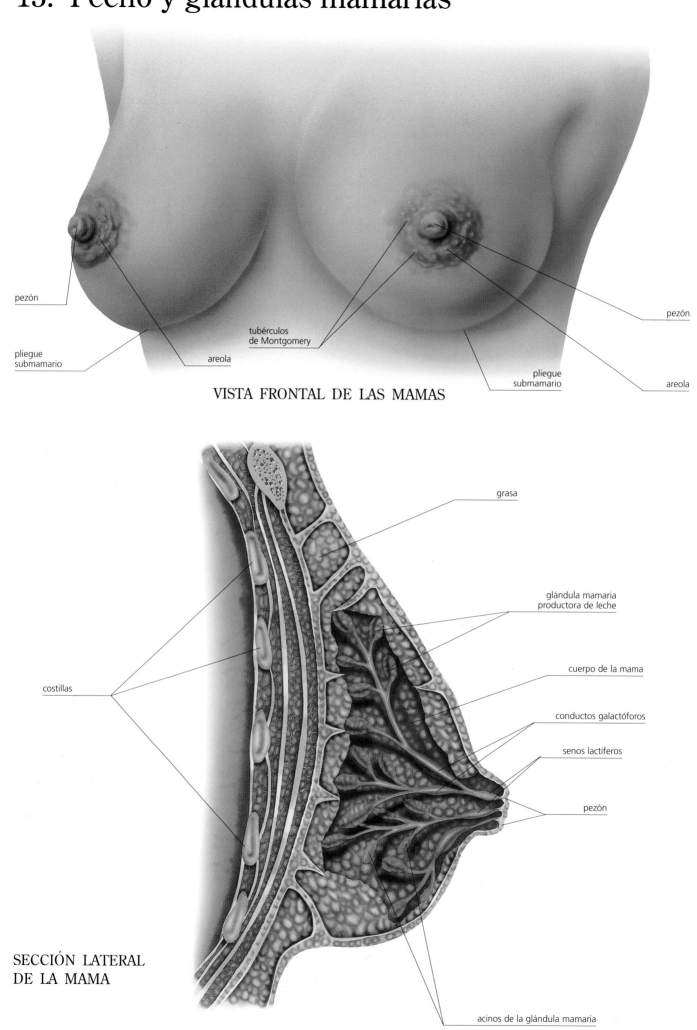

pezón

tubérculos
de Montgomery

pezón

pliegue
submamario

areola

pliegue
submamario

areola

VISTA FRONTAL DE LAS MAMAS

grasa

glándula mamaria
productora de leche

cuerpo de la mama

costillas

conductos galactóforos

senos lactíferos

pezón

SECCIÓN LATERAL
DE LA MAMA

acinos de la glándula mamaria

Índice analítico

a

abdomen 6, 7
abdomen de una mujer embarazada 88
abdominal anterior, pared 34, 36, 38, 39
abductor del dedo pequeño del pie, músculo 28
abductor del meñique, músculo 24, 28
abductor del pulgar, músculo 28
abductor largo del pulgar, músculo 24, 25, 26
tendón del 26
absorción de los nutrientes 31
acetábulo del hueso coxal o ilíaco 20
ácido, sabor 69
ácigos, vena 47
acino de la glándula mamaria 90
acromion del hueso escápula u omóplato 14, 15, 16, 19
acrosoma del espermatozoide 80
actina 29
acueducto de Silvio o del mesencéfalo 55, 63
adamantina, sustancia 40
Adán, nuez de 44
adenina 11
adenoides 67
ADN 11
aductor del dedo gordo, músculo 28
aductor del pulgar, músculo 26, 28
aductor mayor del muslo, músculo 24, 25
aductor mediano del muslo, músculo 24
aductor menor del muslo, músculo 24
agujero ciego de la lengua 68
agujero obturado 20
aire alveolar 45
alba, línea 78, 79
alumbramiento 89
alveolar, arteria 41
alveolar, hueso 40, 41
alveolar, vena 41
alvéolo pancreático 34
alvéolo pulmonar 45
amargo, sabor 69
amígdala faríngea 67
amígdala lingual 68
amígdala palatina 68
amnioblasto 85
amnios 89
ampolla anterior del laberinto 65
ampolla de la trompa de Falopio 79
ampolla del conducto deferente 77
ampolla del recto 39, 78
ampolla lateral del laberinto 65
ampolla posterior del laberinto 65
ampular anterior, nervio 65
ampular lateral, nervio 65
ampular posterior, nervio 65
anal, conducto 31
anal, región 9
ancóneo, músculo 25, 26
angular del omóplato o la escápula, músculo 24, 25
ángulo duodenoyeyunal 34
ángulo iridocorneal 59
anillo fibrocartilaginoso del tímpano 64
anillo terminal del espermatozoide 80
anillo timpánico 64
ano 31, 78, 79, 88
antebraquial, región 9
antebraquial anterior, región 8, 9
antebraquial posterior, región 8, 9

antebrazo 6, 7, 19, 30
movimientos del 30
anterior de la pierna, región 8, 9
anterior de la rodilla, región 8
anterior del codo, región 8
anterior del cuello, región 8
antihélix 64, 66
raíz del 64
antitrago 64
antro mastoideo 66
antro pilórico 32
anular, dedo 18
anular de la tráquea, ligamento 44
aorta, arteria 35, 46, 48, 49, 51, 75
arco de la 46, 49
porción ascendente de la 46
porción descendente abdominal de la 35, 46, 75
porción descendente torácica de la 35, 46
aórtica, válvula 48, 51
aparato de Golgi 10
aparato digestivo 31, 32, 33, 34, 35, 36, 37, 38, 39, 40, 41
aparato excretor 74, 75, 76, 77
aparato genital femenino 79
inervación vegetativa del 79
aparato genital masculino 78
inervación vegetativa del 78
aparato lacrimal 61
aparato reproductor 78, 79, 80, 81, 82, 83, 84, 85, 86, 87, 88, 89, 90
aparato respiratorio 42, 43, 44, 45
aparato urinario 74
aparato yuxtaglomerular 76
apéndice vermiforme 31, 39
orificio del 31, 39
apófisis accesoria de la cuarta vértebra lumbar 23
apófisis anular de la quinta vértebra torácica 23
apófisis articular anterior de la cuarta vértebra cervical 22
apófisis articular inferior de la quinta vértebra lumbar 23
apófisis articular inferior de la sexta vértebra torácica 23
apófisis articular inferior del hueso axis 22
apófisis articular superior de la cuarta vértebra lumbar 23
apófisis articular superior de la quinta vértebra torácica 23
apófisis articular superior de la sexta vértebra torácica 23
apófisis articular superior del hueso sacro 23
apófisis coracoides del hueso escápula u omóplato 14, 19
apófisis coronoides del hueso cúbito 19
apófisis coronoides del hueso maxilar inferior o mandíbula 17
apófisis costal de la cuarta vértebra lumbar 23
apófisis de Gegenbaur de la cuarta vértebra lumbar 23
apófisis espinosa bipartita de la cuarta vértebra cervical 22
horquilla de la 22
apófisis espinosa de la cuarta vértebra lumbar 23
apófisis espinosa de la quinta vértebra lumbar 23
apófisis espinosa de la quinta vértebra torácica 23
apófisis espinosa de la séptima vértebra cervical 22

apófisis espinosa de la sexta vértebra torácica 23
apófisis espinosa del hueso axis 22
bifurcación de la 22
apófisis espinosa vertebral 16, 21, 22, 23, 88
apófisis estiloides del hueso cúbito 18, 19
apófisis estiloides del hueso peroné 20
apófisis estiloides del hueso radio 18, 19
apófisis estiloides del hueso temporal 17, 66
apófisis frontal del hueso maxilar superior 14
apófisis mamilar de la cuarta vértebra lumbar 23
apófisis mastoides del hueso temporal 17, 66
apófisis odontoides del hueso axis 22
apófisis posterior del hueso astrágalo 18
apófisis semilunar de la cuarta vértebra cervical 22
apófisis semilunar de la séptima vértebra cervical 22
apófisis transversa de la cuarta vértebra cervical 22
tubérculo anterior de la 22
tubérculo posterior de la 22
apófisis transversa de la quinta vértebra lumbar 23
apófisis transversa de la quinta vértebra torácica 23
carilla costal de la 23
apófisis transversa de la séptima vértebra cervical 22
apófisis transversa de la sexta vértebra torácica 23
carilla costal de la 23
apófisis transversa del hueso atlas 22
orificio de la 22
apófisis transversa del hueso axis 22
orificio de la 22
apófisis xifoides del hueso esternón 14
aponeurosis del músculo bíceps braquial 24
aponeurosis del músculo oblicuo mayor del abdomen 26
aponeurosis epicraneal 24, 25, 27
aponeurosis lingual 68
aponeurosis toracolumbar 25
Aquiles, tendón de 25, 26, 28
aracnoides 55, 59, 60
árbol bronquial 43
segmentos del 43
arco aórtico 46, 49
arco cigomático 17
arco crural 24
arco infraorbitario 17
arco palatogloso 68
arco plantar 6, 7
arco reflejo 73
vía motora del 73
vía sensitiva del 73
arco supraorbitario 17
área estriada del cerebro 63
área visual del cerebro 62
areola mamaria 88, 90
aritenoides, cartílago 44
arteria 46
endotelio de una 46
fibras musculares y elásticas transversales de una 46
lámina propia de una 46
membrana basal de una 46

membrana elástica externa de una 46
membrana elástica interna de una 46
túnica adventicia de una 46
túnica íntima de una 46
túnica media de una 46
arteria alveolar 41
arteria aorta 35, 46, 48, 49, 51, 75
arteria axilar 46
arteria braquiocefálica 49
arteria carótida externa 46
arteria carótida interna 46
arteria carótida primitiva o común derecha 46
arteria carótida primitiva o común izquierda 46, 49
arteria central de la retina 59
arteria ciliar anterior 59
arteria ciliar posterior 60, 61
arteria ciliar posterior corta 59
arteria ciliar posterior larga 59
arteria cólica derecha 35
arteria cólica media 35
arteria coronaria derecha 48, 50
arteria coronaria izquierda 50
arteria cubital 46
arteria dental inferior 40
arteria dorsal del pene 78
arteria dorsal del pie 46
arteria esplénica 35, 52
arteria femoral 46
arteria femoral profunda 46
arteria gástrica izquierda 35
arteria gastroduodenal 35
arteria hepática 35, 37
arteria hepática propia 35
arteria humeral 46
arteria ileal 35
arteria ilíaca externa 46
arteria ilíaca interna 46
arteria ilíaca primitiva derecha 46
arteria ilíaca primitiva izquierda 46
arteria lienal 35, 52
arteria mesentérica inferior 35, 46, 75
arteria mesentérica superior 35, 46, 75
arteria oftálmica 61
arteria ovárica 35, 46, 75
arteria ovárica derecha 75
arteria ovárica izquierda 75
arteria pancreática inferior 35
arteria pancreática mayor 35
arteria pancreática superior 35
arteria pancreaticoduodenal posteroinferior 35
arteria pancreaticoduodenal posterosuperior 35
arteria peronea 46
arteria poplítea 46
arteria pulmonar 45, 49, 51
arteria pulmonar derecha 49
arteria pulmonar izquierda 49
arteria radial 46
arteria renal 35, 46, 75
arteria renal derecha 75
arteria renal izquierda 75
arteria subclavia derecha 46
arteria subclavia izquierda 46, 49
arteria testicular 35, 46, 75
arteria testicular derecha 75
arteria testicular izquierda 75
arteria tibial anterior 46
arteria tibial posterior 46
arteria trabecular del bazo 52
arteria umbilical 86, 88
arteria yeyunal 35

arteriola aferente del glomérulo renal 76
arteriola eferente del glomérulo renal 76
arterioso, ligamento 49
articulación atlantooccipital 64
articulación interfalángica distal de la mano 28, 73
articulación interfalángica distal del pie 28
articulación interfalángica proximal de la mano 28
articulación interfalángica proximal del pie 28
asa de Henle 76
asta anterior de la médula espinal 58, 73
asta posterior de la médula espinal 58, 73
base del 73
cabeza del 73
cuello del 73
astrágalo, hueso 14, 15, 16, 18
apófisis posterior del 18
cabeza del 18
tróclea del 18
atlas, hueso 15, 16, 21, 22, 64
apófisis transversa del 22
arco anterior del 22
arco posterior del 22
carilla articular inferior del 22
carilla articular para la apófisis odontoides del axis 22
carilla articular superior del 22
cavidad glenoidea del 22
masa lateral del 22
orificio vertebral del 22
tubérculo anterior del 22
tuberosidad para la inserción de los ligamentos transversos del axis en el 22
auditivo, nervio 54
aurícula cardíaca derecha 48, 49, 50, 51
aurícula cardíaca izquierda 48, 49, 50, 51
auricular, cartílago 64
auricular anterior, músculo 24
auricular posterior, músculo 25, 26, 27
auricular superior, músculo 24, 25
auriculoventricular, nódulo 50
auriculoventricular, válvula 51
axila 6, 7
piel de la 72
axilar, arteria 46
axilar, nervio 56
axilar, región 9
axilar, vena 47
axis, hueso 15, 16, 21, 22
apófisis articular inferior del 22
apófisis espinosa del 22
apófisis odontoides del 22
apófisis transversa del 22
arco vertebral del 22
carilla articular anterior del 22
carilla articular inferior del 22
carilla articular superior del 22
cuerpo del 22
fosa para el ligamento transverso del atlas en el 22
superficie articular inferior del cuerpo del 22
axón de la neurona 57

b

banda A del sarcómero 29
banda I del sarcómero 29
basilar, membrana 65

91

basílica, vena 47
basófilo 52
bazo 52
  borde inferior del 52
  cápsula del 52
  cara cólica del 52
  cara gástrica del 52
  cara renal del 52
  corpúsculo de Malpighi del 52
  extremidad anterior del 52
  extremidad posterior del 52
  hilio del 52
  parénquima del 52
  pulpa blanca del 52
  pulpa roja del 52
  seno venoso del 52
  trabéculas fibrosas del 52
bíceps braquial, músculo 24, 26, 30
  contraído 30
  en fase de descanso 30
  relajado 30
  totalmente contraído 30
  aponeurosis del 24
  tendón del 24
bíceps crural, músculo 25, 26
  porción corta del 26
  porción larga del 26
bifurcación traqueal 42, 43, 44
biliar, canalículo 36
biliar, conducto 36
biliar, vesícula 36, 37
bilis 31
Billroth, cordón de 52
blastómeras 83
blástula 83, 85
boca 6, 7
  cavidad de la 31
  situación de los dientes en la 41
  vestíbulo de la 31, 68
boca de un embrión de cuatro
  semanas 87
bolo alimenticio 31
borla del mentón, músculo 24, 27
botón, papila gustativa en 70
botón sináptico 57
Bowman, cápsula de 76
Bowman, espacio de 76
Bowman, membrana de 59
braquial anterior, músculo 24, 25, 26
braquial anterior, región 8, 9
braquial posterior, región 8, 9
braquial, plexo 56, 58
braquial, vena 47
braquiocefálica, arteria 49
braquiocefálico, tronco arterial 46
braquiocefálico derecho, tronco
  venoso 47
braquiocefálico izquierdo, tronco
  venoso 47
braquiorradial, músculo 26
brazo 6, 7, 19
brazo corto del cromosoma 11
brazo largo del cromosoma 11
bronquial, cartílago 45
bronquial, nervio 45
bronquial, vena 45
bronquio 42, 43, 44
  lobular o lobal 42, 43, 44
bronquio lobular inferior derecho 44
  segmento anterior basal del 44
  segmento lateral basal del 44
  segmento medial basal del 44
  segmento posterior basal del 44
  segmento superior del 44
bronquio lobular inferior izquierdo
  44
  segmento anterior basal del 44
  segmento lateral basal del 44
  segmento medial basal del 44
  segmento posterior basal del 44
  segmento superior del 44
bronquio lobular medio derecho 44
  segmento lateral del 44
  segmento medial del 44
bronquio lobular superior derecho
  44
  segmento anterior del 44

segmento apical del 44
segmento posterior del 44
bronquio lobular superior izquierdo
  44
  segmento anterior del 44
  segmento apical del 44
  segmento inferior de la língula
    del 44
  segmento posterior del 44
  segmento superior de la língula
    del 44
bronquio principal derecho 42, 43, 44
bronquio principal izquierdo 42, 43,
  44
bronquíolo 42, 45
bronquíolo terminal 45
Bruch, membrana de 59
bucal, región 9
buccinador, músculo 24, 27
bulbo del pene 78
bulbo olfatorio 54, 63, 67
bulbo piloso 71, 72
  papila del 72
bulbo raquídeo 53, 54, 55, 70
bulbo del vestíbulo de la vulva 77

c
cabello 6, 7
cabeza 6, 7
  huesos de la 12
  músculos de la 27
cabeza del fémur 15, 16
cabeza del húmero 15
cabeza del peroné 14
cadena de ADN 11
cadera 6, 7, 20
calcánea, región 8, 9
calcáneo, hueso 15, 16, 18
  tuberosidad del 18
caliciforme, papila gustativa 68, 69,
  70
cáliz gustativo 69
  células de sostén del 69
  terminaciones nerviosas del 69
cáliz renal mayor 75
cáliz renal menor 75
cámara anterior del ojo 59, 60
cámara posterior del ojo 59, 60
campo visual 62
canal mentoniano 40
canalículo biliar 36
canalículo lacrimal inferior 61
canalículo lacrimal superior 61
canino, diente 40, 41
canino, músculo 24, 27
capa basal de la epidermis 71
capa córnea de la epidermis 71
capa de células ganglionares de la
  retina 59
capa de conos y bastones de la retina
  59
capa de fibras nerviosas de la retina
  59
capa espinosa de la epidermis 71
capa granulosa de la epidermis 71
capa granulosa externa de la retina
  59
capa granulosa interna de la retina
  59
capa lúcida de la epidermis 71
capa plexiforme externa de la retina
  59
capa plexiforme interna de la retina
  59
capilar 46
  capa epitelial única de un 46
capilar glomerular 76
cápsula de Bowman 76
  epitelio parietal de la 76
  epitelio visceral de la 76
  membrana basal de la 76
cápsula fibrosa del riñón 75, 76
capuchón cefálico del
  espermatozoide 80
cara 6, 7
caracol 65, 66
  conducto coclear del 65

rampa timpánica del 65
rampa vestibular del 65
cardíaca anterior, vena 50
cardíaca mayor, vena 50
cardíaca mediana, vena 50
cardíaca menor, vena 50
cardias 31, 32
carina 42, 43, 44
carótida externa, arteria 46
carótida interna, arteria 46
carótida primitiva o común derecha,
  arteria 46
carótida primitiva o común
  izquierda, arteria 46, 49
carpo 18, 19
  huesos del 13, 14, 15, 16
  ligamento dorsal del 28
  ligamento transverso del 28
cartílago aritenoides 44
cartílago auricular 64
cartílago bronquial 44, 45
cartílago corniculado 44
cartílago cricoides 42, 44
cartílago de la tráquea 42, 44
cartílago del tabique nasal 67
cartílago nasal accesorio 67
cartílago nasal alar 67
cartílago nasal inferior 67
cartílago nasal superior 67
cartílago tiroides 42, 44, 68
carúncula duodenal 37
carúncula lacrimal 61
cava inferior, vena 35, 47, 48, 49, 75
  ligamento de la 37
  orificio de entrada de la 50
cava superior, vena 47, 48, 49
cavernoso, cuerpo 77, 78
cavidad amniótica 85
cavidad axilar, región de la 8
cavidad bucal 31
cavidad cotiloidea del hueso coxal o
  ilíaco 20
cavidad del tímpano 66
  eminencia piramidal de la 66
  fosa del yunque de la 66
  impresión del trigémino en la 66
  pared mastoidea de la 66
  prominencia facial de la 66
  seno posterior de la 66
cavidad nasal 31
cefálica, vena 47
ceja 61
ceja cotiloidea 20
celdas mastoidea 64, 66
celdas timpánicas 66
celíaco, tronco 35, 46
célula 10, 11
  microcilio de la 10
  microfilamento de la 10
  microtúbulo de la 10
  microvellosidad de la 10
  núcleo de la 10, 11
  vacuola de la 10
  vesícula pinocitósica de la 10
  vesícula secretora de la 10
célula α del islote pancreático 34
célula β del islote pancreático 34
célula D del islote pancreático 34
célula de Schwan 57
célula de segmentación del huevo o
  cigoto 83
célula de sostén de la mucosa
  olfatoria 67
célula de sostén del cáliz gustativo
  69
célula gustativa 69
célula olfatoria 67
  fibra nerviosa de la 67
  núcleo de la 67
célula yuxtaglomerular 76
celular, membrana 10
cemento dentario 40, 41
central de la retina, arteria 59
central de la retina, vena 59, 60
centríolo 10
centrómero 11
cerebelo 54, 55

cerebro 53, 54, 55, 62, 63, 73
  área estriada del 63
  área visual del 62
  circunvolución angular del 53
  circunvolución del cíngulo del 53
  circunvolución del hipocampo del
    54
  circunvolución frontal inferior del
    53
  circunvolución frontal media del
    53
  circunvolución frontal superior
    del 53
  circunvolución occipitotemporal
    del 54
  circunvolución orbitaria del 54,
    63
  circunvolución postcentral del 53
  circunvolución precentral del 53
  circunvolución supramarginal del
    53
  circunvolución temporal inferior
    del 53, 54
  circunvolución temporal media
    del 53
  circunvolución temporal superior
    del 53
  cisura central del 53
  cisura interhemisférica del 53, 54
  cisura lateral del 53
  cisura longitudinal del 53, 54
  cisura parietooccipital del 53
  cisura preoccipital del 53
  cuerpo calloso del 53
  cuerpo del fórnix del 53
  infundíbulo del 54
  lóbulo occipital del 54
  polo frontal del 53, 54
  polo occipital del 53, 54
  polo temporal del 54
  seno venoso del 55
  sustancia perforada anterior del
    54
  surco del cíngulo del 53
  surco frontal inferior del 53
  surco frontal superior del 53
  surco interparietal del 53
  surco olfatorio del 54
  surco orbitario del 54
  surco precentral del 53
  surco temporal inferior del 53, 54
  surco temporal superior del 53
cervical, cuarta vértebra 22
cervical, plexo 56, 58
cervical, primera vértebra 15, 16, 22
cervical, segunda vértebra 15, 16, 22
cervical, séptima vértebra 14, 15, 22
cervicales, raíces espinales 54, 58
cervicales, vértebras 14, 15, 16, 21,
  22, 58
cérvix o cuello del útero 79, 82, 83,
  85
ciática, espina 15
ciático mayor, nervio 56
ciático poplíteo externo, nervio 56
ciático poplíteo interno, nervio 56
ciego 39
cigomática, región 9
cigomático mayor, músculo 24, 26,
  27
cigomático menor, músculo 24, 27
cigomático, arco 17
cigomático, hueso 12, 14, 16, 17
cigoto o huevo 83, 84, 85
  células de segmentación del 83
  recorrido hasta su nidación en el
    útero 83, 85
ciliar, cuerpo 62
ciliar, músculo 59, 60, 62
ciliar, nervio 62
ciliar, orbículo 62
ciliar, pliegue 62
ciliar, proceso 62

ciliar anterior, arteria 59
ciliar anterior, vena 59
ciliar largo, músculo 61
ciliar posterior, arteria 60, 61
ciliar posterior corta, arteria 59
ciliar posterior larga, arteria 59
cilindroeje de la neurona 57
cilio olfatorio 67
circunvolución angular del cerebro
  53
circunvolución del cíngulo del
  cerebro 53
circunvolución del hipocampo del
  cerebro 54
circunvolución frontal inferior del
  cerebro 53
circunvolución frontal media del
  cerebro 53
circunvolución frontal superior del
  cerebro 53
circunvolución occipitotemporal del
  cerebro 54
circunvolución orbitaria del cerebro
  54
circunvolución postcentral del
  cerebro 53
circunvolución precentral del
  cerebro 53
circunvolución supramarginal del
  cerebro 53
circunvolución temporal inferior del
  cerebro 53, 54
circunvolución temporal media del
  cerebro 53
circunvolución temporal superior del
  cerebro 53
cístico, conducto 35, 37
cisura angular del estómago 31
cisura central del cerebro 53
cisura de Rolando 53
cisura de Silvio 53
cisura horizontal del pulmón
  derecho 42
cisura interhemisférica del cerebro
  53, 54
cisura interlobal del pulmón
  izquierdo 42
cisura lateral del cerebro 53
cisura longitudinal del cerebro 53, 54
cisura oblicua del pulmón derecho
  42
cisura oblicua del pulmón izquierdo
  42
cisura parietooccipital del cerebro 53
cisura preoccipital del cerebro 53
citoplasma 10
citosina 11
citotrofoblasto 85
clavícula, hueso 6, 7, 13, 14, 15, 16,
  19
  borde anterior de la 19
  borde posterior de la 19
  carilla articular acromial de la 19
  carilla articular esternal de la 19
  cuerpo de la 19
  extremo externo de la 19
  extremo interno de la 19
  impresión del ligamento
    costoclavicular de la 19
  línea trapezoidea de la 19
  tubérculo conoideo de la 19
clavicular, región 8
clítoris 79, 88
  cuerpo del 79
  glande del 79
  prepucio del 79
coccígea, raíz espinal 58
cóccix, hueso 13, 15, 16, 21, 23, 58,
  88
cóclea 65
  base de la 65
  cúpula de la 65
coclear, conducto 64, 65, 66
coclear, nervio 64, 65, 66
codo 6, 7
  región anterior del 8
  región posterior del 9

colédoco, conducto 34, 35, 37
cólica derecha, arteria 35
cólica derecha, vena 35
cólica media, arteria 35
cólica media, vena 35
colículo superior 63
   brazo del 63
colon 31, 39, 88
   ángulo derecho del 39
   ángulo izquierdo del 39
   capa de fibras musculares
      circulares del 39
   capa de fibras musculares
      longitudinales del 39
   capa submucosa del 39
   haustras del 31, 39
   lámina propia de la mucosa del 39
   pared del 39
   pliegue semilunar del 39
   tenia del 31
   tenia libre del 39
   túnica subserosa del 39
colon ascendente 31, 39
colon descendente 31, 39
colon sigmoide 31, 39, 78, 79
colon transverso 31, 39
columna renal 75
columna vertebral 13, 21, 87, 88
   orificios intervertebrales de la 21
   porción cervical de la 21
   porción dorsal o torácica de la 21
   porción lumbar de la 21
   porción pélvica de la 21
   porción sacrococcígea de la 21
   porción torácica o dorsal de la 21
columna verterbral de un embrión
   de cuatro semanas 87
comisura anterior de los labios de la
   vulva 79
comisura posterior de los labios de
   la vulva 79
concha auricular 64
   cavidad de la 64
   fosa superior de la 64
cóndilo del hueso húmero 19
cóndilo del hueso occipital 17
cóndilo externo o lateral del hueso
   fémur 14, 15, 16, 20
cóndilo interno o medio del hueso
   fémur 14, 15, 20
cóndilo lateral del hueso tibia 20
cóndilo medio del hueso tibia 20
conductillo lacrimal inferior 61
conductillo lacrimal superior 61
conducto anal 31
conducto auditivo externo 16, 17, 64,
   66
conducto biliar 36
conducto central de la médula
   espinal 73
conducto cervical del útero 79, 82,
   83, 85
conducto cístico 35, 37
conducto coclear 64, 65, 66
   membrana basilar del 65
   membrana tectoria del 65
conducto colédoco 34, 35, 37
conducto de Santorini 34
conducto de Wirsung 34
conducto deferente 77, 78, 80
   ampolla del 77
conducto eferente del testículo 80
conducto eyaculador 77
conducto facial 66
conducto galactóforo 90
conducto hepático común 35, 37
conducto hepático derecho 37
conducto hepático izquierdo 37
conducto nasolacrimal 61
conducto pancreático 34, 35, 37
conducto pancreático accesorio 34
conducto pancreático principal 34
conducto semicircular anterior del
   laberinto 65, 66
conducto semicircular lateral del
   laberinto 65, 66

conducto semicircular posterior del
   laberinto 65, 66
conducto suborbitario 41
conducto sudoríparo 72
   boca del 72
conjuntiva 59, 60, 61
   de la esclerótica 61
   del párpado inferior 61
   del párpado superior 61
   ocular o bulbar 60
conoideo, tubérculo 19
contracción auricular 51
contracción ventricular 51
coracobraquial, músculo 24
coracoides, apófisis 19
corazón 48, 49, 50, 88
   cara anterior del 50
   cara posterior del 50
   sistema de conducción eléctrica
      del 50
   surco coronario del 49
   surco interventricular del 49
   trabéculas musculares del 48
   vértice del 48, 49, 50
corazón de un embrión de cuatro
   semanas 87
cordón de Billroth 52
cordón lateral de la médula espinal
   58
cordón posterior de la médula
   espinal 58
cordón umbilical 86, 88, 89
corion de la placenta 86, 89
corion velloso 89
córnea 59, 60, 61, 62, 63
   cara posterior de la 62
   endotelio de la 59
   epitelio la 59, 60
   substancia propia de la 59
cornete, hueso 12, 17
cornete nasal inferior 67
cornete nasal medio 67
cornete nasal superior 67
corniculado, cartílago 44
coroides 59, 60, 62
coroliforme, papila gustativa 70
corona axonal de la neurona 57
corona del diente 40, 41
   cúspide de la 41
corona radiada del óvulo 81
coronal, sutura 14, 16, 17
coronaria derecha, arteria 48, 50
   rama auricular derecha de la 50
   rama interventricular posterior de
      la 50
coronaria izquierda, arteria 50
   rama circunfleja de la 50
   rama interventricular anterior de
      la 50
coronario, seno 49
coronarios, vasos 50
coronoidea, fosita 19
coronoides, apófisis 19
corpúsculo de Krause 71
corpúsculo de Malpighi del bazo 52
corpúsculo de Malpighi del riñón 76
corpúsculo de Meissner 57, 71, 72
corpúsculo de Merkel 57
corpúsculo de Nissl 57
corpúsculo de Pacini o Vater-Pacini
   57, 71
corpúsculo de Ruffini 57, 71
corpúsculo de Vater-Pacini o Pacini
   57, 71
corpúsculo renal 76
corpúsculo táctil 71
corredera bicipital del húmero 19
corteza cerebral 62, 70
corteza renal 75, 76
Corti, órgano de 65
costilla, hueso 13, 14, 15, 16, 90
   primera 14, 15, 16
   segunda 14, 16
   tercera 14, 16
   cuarta 14, 16
   quinta 14, 16
   sexta 14, 16

   séptima 14, 16
   octava 14, 16
   novena 14, 16
   décima 14, 16
   undécima 14, 16
   duodécima 14, 15
cotiloidea, cavidad 61
cotiloidea, ceja 20
Cowper, glándula de 77, 78
coxal o ilíaco, hueso 13, 14, 15, 16, 20
   acetábulo del 20
   espina ilíaca anteroinferior del 14,
      20
   espina ilíaca anterosuperior del
      14
   espina ilíaca posteroinferior del
      15, 16
   espina ilíaca posterosuperior del
      15, 16
   línea glútea posterior del 16
   surco supraacetabular del 20
craneal, hueso 55
craneales, pares 54
cráneo 17
   huesos del 17
   línea nucal inferior del 15, 17
   línea nucal superior del 15, 17
   línea occipital inferior del 15
   línea occipital superior del 15
   línea temporal inferior del 17
   línea temporal superior del 17
   sutura coronal del 14, 16, 17
   sutura escamosa del 17
   sutura esfenoescamosa del 17
   sutura frontocigomática del 17
   sutura frontomaxilar del 67
   sutura frontonasal del 67
   sutura frontoparietal del 14, 16
   sutura lambdoidea del 15, 16, 17
   sutura nasomaxilar del 17, 67
   sutura occipitomastoidea del 17
   sutura parietomastoidea del 17
   sutura parietooccipital del 16
   sutura parietotemporal del 16
   sutura sagital del 15, 17
   sutura temporocigomática del 17
cresta del glúteo mayor del hueso
   fémur 15
cresta del hueso pubis 20
cresta del hueso tibia 20
cresta ilíaca 16, 20
cresta intertrocantérea posterior del
   hueso fémur 15
cresta media del hueso sacro 23
cresta mitocondrial 10
cresta obturadora 20
cresta occipital externa 17
cresta subtroquiniana del hueso
   húmero 19
cresta subtroquiteriana del hueso
   húmero 19
cresta supracondílea lateral del
   hueso húmero 19
cresta supracondílea media del
   hueso húmero 19
cresta uretral 77
cricoides, cartílago 42, 44
cricotiroideo, ligamento 42, 44
cripta colónica 39
cripta del intestino delgado 38
cristalino 59, 60, 62, 63
   cara anterior del 62
cromatina 11
cromosoma 11
   brazo corto del 11
   brazo largo del 11
crural, arco 24
crural, nervio 56
cuadrado del mentón, músculo 27
cuarta costilla 14, 16
cuarta vértebra cervical 22
   apófisis articular anterior de la 22
   apófisis espinosa bipartita de la
      22
   apófisis semilunar de la 22
   apófisis transversa de la 22
   carilla articular superior de la 22

   cuerpo de la 22
   lámina del arco vertebral de la 22
   orificio transverso de la 22
   orificio vertebral de la 22
   pedículo del arco vertebral de la
      22
   superficie articular superior del
      cuerpo de la 22
cuarta vértebra lumbar 16, 23
   apófisis accesoria de la 23
   apófisis articular superior de la 23
   apófisis costal de la 23
   apófisis de Gegenbaur de la 23
   apófisis espinosa de la 23
   apófisis mamilar de la 23
   borde de la cresta de la 23
   cara intervertebral del cuerpo de
      la 23
   cuerpo de la 23
   lámina del arco vertebral de la 23
   orificio vertebral de la 23
   pedículo del arco vertebral de la
      23
cuarta vértebra sacra 23
cuarto par craneal 54
cuarto ventrículo cerebral 55
cubital anterior, músculo 24, 25
cubital posterior, músculo 25
cubital, arteria 46
cubital, nervio 56
cubital, región 8, 9
cúbito, hueso 13, 14, 15, 16, 18, 19,
   28
   apófisis coronoides del 19
   apófisis estiloides del 18, 19
   borde interóseo del 19
   cabeza del 19
   cara anterior del 19
   cara posterior del 19
   cavidad sigmoidea mayor del 19
   cavidad sigmoidea menor del 19
   cuerpo del 19
   escotadura radial del 19
   escotadura troclear del 19
   olécranon del 15, 19
   tuberosidad del 19
cuboides, hueso 16, 18
cuello 6, 7
   región anterior del 8
   región lateral del 8
   región posterior del 9
cuello del fémur 15
cuello o cérvix del útero 79, 82, 83,
   85
cuerda del tímpano 64
cuerda vocal 44
cuerda vocal falsa 44
cuerdas tendinosas de la válvula
   auriculoventricular 48
cuero cabelludo 55
   piel del 72
cuerpo amarillo o lúteo del ovario 81,
   82, 83, 84, 85
cuerpo blanco del ovario 81
cuerpo calloso del cerebro 53, 63
cuerpo cavernoso del pene 77, 78
   trabéculas del 78
cuerpo ciliar 62
cuerpo del clitoris 79
cuerpo del fórnix del cerebro 53
cuerpo del útero 82, 83
cuerpo esponjoso del pene 77, 78
cuerpo geniculado lateral 62, 63
cuerpo geniculado medio 63
cuerpo humano 6, 7, 8, 9
   músculos del 24, 25, 26
cuerpo lúteo o amarillo del ovario 81,
   82, 83, 84, 85
cuerpo o tubérculo mamilar 54, 63
cuneiforme externo o cuña lateral,
   hueso 16, 18
cuneiforme interno cuña media,
   hueso 16, 18
cuneiforme medio o cuña
   intermedia, hueso 16, 18
curvatura mayor del estómago 32, 33
curvatura menor del estómago 32, 33

cúspide de la corona dental 41
cutáneo antebraquial lateral, nervio
   56
cutáneo del cuello, músculo 27
cutáneo sural externo, nervio 56
cutáneo sural interno, nervio 56
cutícula de la uña 73
cutícula del pelo 72

d

De Graaf, folículo de 81, 82, 83, 84,
   85
décima costilla 14, 16
décimo par craneal 54
decusación de las pirámides 54
dedo 18, 73
   estría epidérmica del 73
   vaina fibrosa del 24
dedo anular 18
dedo índice 18
dedo medio 18
dedo meñique 18
dedo pulgar 6, 7, 18
dedos de la mano 6, 7, 18, 19
   huesos de los 13
dedos del pie 6, 7, 18, 20
   huesos de los 13
defectos de visión 63
   métodos de corrección de los 63
deferencial, plexo 78
deferente, conducto 77, 79, 80
deltoidea, región 8, 9
deltoides, músculo 24, 25, 26
dendrita 57
dental inferior, arteria 40
dental inferior, nervio 40, 41
dental inferior, plexo 41
dental inferior, vena 40
dental posterior, nervio 41
dentición 40, 41
dentición definitiva 41
   tiempos de erupción de la 41
dentina 40, 41
depresor del ángulo de la boca,
   músculo 26, 27
depresor del labio inferior, músculo
   24, 26, 27
dermis 71, 73
   subungueal 73
desarrollo del feto 86
Descemet, membrana de 59
desoxirribosa 11
diáfisis humeral 19, 20
diafragma, músculo 36, 45, 88
diafragma urogenital 77
diástole auricular 51
diástole ventricular 48, 51
diente 31, 40, 41, 67, 68
   cavidad central del 40, 41
   conducto radicular del 40, 41
   corona del 40, 41
   cuello del 40, 41
   esmalte del 40, 41
   inervación del 41
   ligamento circular del 40
   pulpa del 40, 41
   raíz del 40, 41
diente canino 40, 41
diente incisivo 40, 41
diente molar 40, 41
diente premolar 40, 41
dientes definitivos 40, 41
   situación de los 40
dientes inferiores 40, 41
dientes superiores 40, 41
digestión, proceso de 31
digital palmar común, nervio 56
digital palmar propio, nervio 56
dilatador de la nariz, músculo 27
dilatador de la pupila, músculo 59
dióxido de carbono 45
disco intervertebral 14, 16
disco óptico 60
   infundíbulo vascular del 60
disco Z del sarcómero 29
división del huevo en blastómeras
   83, 85

dolor 73
dorsal o torácica, duodécima vértebra 15
dorsal o torácica, primera vértebra 15
dorsal o torácica, quinta vértebra 23
dorsal o torácica, sexta vértebra 23
dorsal ancho, músculo 24, 25
dorsal de la mano, región 8, 9
dorsal del pene, arteria 78
dorsal del pie, arteria 46
dorsal del pie, región 8, 9
dorsal profunda del pene, vena 78
dorsal superficial del pene, vena 78
dorsales o torácicas, raíces espinales 58
dorsales o torácicas, vértebras 14, 15, 16, 21, 23, 58
dulce, sabor 69
duodécima costilla 15
duodécima vértebra dorsal o torácica 15
duodécimo par craneal 54
duodeno 31, 32, 33, 34, 35, 37
    papila mayor del 34, 37
    papila menor del 34
    pliegues del 31, 32, 34
    porción ascendente del 34, 35
    porción descendente del 32, 34, 35
    porción horizontal inferior del 34, 35
    porción superior del 32, 34, 35
duramadre 55, 59, 60

e

Ebner, glándula de 69
ectodermo 85
elemento de un embrión de cuatro semanas 87
elementos genitales femeninos 81
elementos genitales masculinos 80
elevador común del ala de la nariz y el labio superior, músculo 24, 27
elevador del ano, músculo, 79
elevador del omóplato o la escápula, músculo 26
elevador del párpado superior, músculo 61
elevador propio del labio superior, músculo 24, 27
embarazo, mecanismo del 84
embrión 87
    en la tercera semana de gestación 87
    en el primer mes de gestación 87
    en el segundo mes de gestación 87
embrión de cuatro semanas 87
    arcos branquiales de un 87
    boca de un 87
    cavidad torácica de un 87
    cola de un 87
    columna vertebral de un 87
    corazón de un 87
    maxilar inferior de un 87
    oído rudimentario de un 87
    ojo de un 87
    pliegue cefálico de un 87
    saco vitelino de un 87
eminencia frontal 17
eminencia frontal media 17
eminencia iliopúbica 20
eminencia intercondílea del hueso peroné 14
eminencia parietal 17
eminencia piramidal de la cavidad del tímpano 66
eminencias alveolares del hueso maxilar 17
encía 40, 41
endodermo 85
endometrio 79, 85
endomisio 29
endotelio de una arteria 46
endotelio de una vena 47
eosinófilo 52

epéndimo 73
epicardio 48
epicóndilo del hueso húmero 14, 19
epicóndilo lateral del hueso fémur 14, 15, 16
epicóndilo medio del hueso fémur 14
epicraneal, aponeurosis 24, 25, 27
epidermis 71, 72, 73
    capa basal o germinativa de la 71
    capa córnea de la 71
    capa espinosa de la 71
    capa granulosa de la 71
    capa lúcida de la 71
epidídimo 78, 80
    cabeza del 78, 80
    cola del 80
    cuerpo del 80
epidural, espacio 55
epífisis inferior del hueso húmero 19
epífisis superior del hueso húmero 19
epigástrica, región 8
epigastrio, vasos del 35
epiglotis 31, 44, 68
epimisio 29
epitelio germinal del ovario 81
epitelio pigmentario de la retina 59
epitróclea humeral 14, 19
erector del cabello, músculo 71
erupción de los dientes 40, 41
escafoides, hueso 14, 16, 18
escama occipital 17
escamosa, sutura 17
escápula u omóplato, hueso 6, 7, 13, 14, 15, 16, 19
    acromion de la 14, 15, 16, 19
    ángulo inferior de la 15, 19
    ángulo lateral de la 19
    ángulo superior de la 19
    apófisis coracoides de la 14, 19
    borde axilar de la 19
    borde lateral de la 19
    borde medial de la 19
    borde superior de la 19
    cara articular del acromion de la 19
    cavidad glenoidea de la 19
    crestas de inserción del subescapular de la 19
    cuello de la 19
    espina de la 15, 16
    fosa infraespinosa de la 15
    fosa supraespinosa de la 15
escapular, escotadura 19
escapular, región 9
esclerótica 59, 60
    conjuntiva de la 61
    lámina cribosa de la 60
    seno venoso de la 59
escotadura anterior del pabellón auricular 64
escotadura cardíaca del estómago 32
escotadura cardíaca del pulmón izquierdo 42
escotadura escapular 19
escotadura intertrágica del pabellón auricular 64
escotadura isquiática mayor 16
escotadura isquiática menor 16
escotadura mastoidea 17
escotadura supraorbitaria 16
escroto 6, 78, 80
esfenoescamosa, sutura 17
esfenoidal, hendidura 14, 17
esfenoidal, seno 67
esfenoides, hueso 12, 14, 16, 17, 61, 67
    ala mayor del 17
esfenomaxilar, hendidura 14
esfínter de la pupila, músculo 59
esfínter del ano, músculo 78
esfínter del píloro, músculo 31, 34
esmalte del diente 40, 41
esofágico, músculo 44
esófago 31
    porción abdominal del 32
espacio de Bowman 76

espacio epidural 55
espacio pericoroidal 59
espacio porta 36
espacio retropúbico 78
espacio subaracnoideo 55
espacio subdural 55
espacio subglótico de la laringe 44
espacio supraglótico de la laringe 44
espalda 6, 7
espermátida 80
espermatocito de primer orden 80
espermatocito de segundo orden 80
espermatogénesis 80
espermatogonia 80
espermatozoide 83, 85
    acrosoma del 80
    anillo terminal del 80
    cabeza del 80
    capuchón cefálico del 80
    cola del 80
    cuello del 80
    flagelo ondulante del 80
    vaina mitocondrial del 80
    zona o porción intermedia del 80
espina ciática 15
espina del hueso escápula u omóplato 15, 16
espina del hueso pubis 16
espina ilíaca anteroinferior 14, 20
espina ilíaca anterosuperior 14
espina ilíaca posteroinferior 15, 16
espina ilíaca posterosuperior 15, 16
espina isquiática 16
espina nasal anterior del hueso maxilar superior 17
espinal, médula 54, 55, 73, 78, 79, 88
espinal, nervio 54
espinilla 6, 7
espiración 45
esplácnico pélvico, nervio 78, 79
esplénica, arteria 35, 52
esplénica, vena 35, 47, 52
esplenio de la cabeza, músculo 25, 26, 27
esplenorrenal, ligamento 52
esponjoso, cuerpo 77, 78
esqueleto 14, 15, 16
esternocleidohioideo, músculo 24
esternocleidomastoidea, región 8, 9
esternocleidomastoideo, músculo 24, 25, 26, 27
esternón, hueso 13, 14, 16, 88
    apófisis xifoides del 14
    manubrio del 14, 16
estómago 31, 32, 33, 88
    capa de fibras musculares circulares del 33
    capa de fibras musculares longitudinales del 33
    capa de fibras musculares oblicuas del 33
    capa muscular externa 33
    capa muscular interna del 33
    capa muscular media del 33
    capa submucosa del 33
    capa subserosa del 33
    cisura angular del 31
    cuerpo del 32
    cúpula del 32
    curvatura mayor del 32, 33
    curvatura menor del 32, 33
    escotadura angular del 32
    escotadura cardíaca del 32
    fundus del 32, 33
    lámina muscular de la mucosa del 33
    pared del 33
    porción pilórica del 32
    túnica mucosa del 33
    túnica muscular del 33
    túnica serosa del 33
    zona antral del 33
    zona cardial del 33
    zona pilórica del 33
estrato cerebral de la retina 59
estrato neuroepitelial de la retina 59
estrato pigmentario de la retina 59

estría epidérmica del dedo 73
estribo, hueso 12, 64, 65, 66
    base del 66
    rama anterior del asa del 66
    rama posterior del 64
    rama posterior del asa del 66
estroma ovárico 81
etmoides, hueso 12, 16, 17, 67
    lámina cribosa del 67
Eustaquio, trompa de 65
evolución del folículo ovárico 81
expulsión del óvulo del folículo ovárico 81, 82, 83, 84, 85
extensor común de los dedos de la mano, músculo 25, 26
extensor común de los dedos del pie, músculo 24, 25
extensor corto de los dedos del pie, músculo 26, 28
extensor corto del dedo gordo, músculo 26
extensor corto del pulgar, músculo 25, 26, 28
    tendón del 26
extensor largo de los dedos del pie, músculo 26
    tendón del 26, 28
extensor largo del dedo gordo, músculo 26
extensor largo del pulgar, músculo 25, 28
    tendón del 26
extensor propio del dedo gordo, músculo 24, 28
    tendón del 28
extensor propio del índice, músculo 25
    tendón del 28
extensor propio del meñique, músculo 25
    tendón del 28
extensor radial corto del carpo, músculo 26
extensor radial largo del carpo, músculo 26
extensores del carpo, retináculo de los músculos 25, 26, 28
extensores del pie, retináculo inferior de los músculos 26, 28
extensores del pie, retináculo superior de los músculos 24
extremidad inferior, huesos de la 13, 20
extremidad superior, huesos de la 13, 19
eyaculador, conducto 77

f

facial, conducto 66
facial, nervio 54, 70
falange, hueso 14, 15, 16, 18, 73
    base de la 18
    cabeza de la 18
    cuerpo de la 18
    tuberosidad de la 18
falange distal de la mano 18
falange media de la mano 18
falange proximal de la mano 18
falanges de la mano 15, 16, 18
falanges del pie 16
falangeta, hueso 18
falangina, hueso 18
falciforme, ligamento 31, 36, 37
Falopio, trompa de 82, 83, 84, 85
faringe 31
    porción laríngea de la 31
    porción oral de la 31
    rodete tubárico de la 67
faríngea, amígdala 67
fascia lata, músculo tensor de la 24, 25
fase de crecimiento del folículo ovárico 84
fase proliferativa del ciclo menstrual 84
fase secretora del ciclo menstrual 84

fases del latido cardíaco 51
fecundación 83, 84, 85
femoral, arteria 46
femoral, nervio 56
femoral, región 8
femoral, vena 47
femoral anterior, región 8
femoral posterior, región 9
femoral profunda, arteria 46
femoral profunda, vena 47
fémur, hueso 13, 14, 15, 16, 20
    cabeza del 15, 16, 20
    cóndilo externo o lateral del 14, 15, 16, 20
    cóndilo interno o medio del 14, 15, 20
    cresta del glúteo mayor del 15
    cresta intertrocantérea posterior del 15
    cuello del 15, 20
    cuerpo del 20
    epicóndilo lateral del 14, 15, 16
    epicóndilo medio del 14
    fosa intercondílea del 15
    fosa trocantérica del 20
    hueco supratroclear del 20
    trocánter mayor del 14, 20
    trocánter menor del 14, 20
    tróclea del 20
    tubérculo del abductor mayor del 20
feto 86, 87, 88
    desarrollo del 86
    en el tercer mes de gestación 86, 87
    en el cuarto mes de gestación 87
    en el quinto mes de gestación 86, 87
    en el sexto mes de gestación 87
    en el séptimo mes de gestación 86, 87
    en el octavo mes de gestación 87
    en el noveno mes de gestación 86, 87, 88
fibra muscular 29
    retículo sarcoplásmico de la 29
fibra primaria de la transmisión de una sensación sensitiva 70
fibra secundaria de la transmisión de una sensación sensitiva 70
fibra terciaria de la transmisión de una sensación sensitiva 70
filete olfatorio 67
filiforme, papila gustativa 69, 70
flagelo ondulante del espermatozoide 80
flanco abdominal, región del 8, 9
flexor común profundo de los dedos de la mano, músculo 24
flexor común superficial de los dedos, músculo 24
flexor del meñique, músculo 28
flexor del pulgar, músculo 28
flexor largo común de los dedos del pie, músculo 25
flexor largo del dedo gordo, músculo 25
flexor largo del pulgar, músculo 24, 26
folículo de De Graaf 81, 82, 83, 84, 85
folículo linfático solitario de la túnica mucosa del colon 39
folículo linfático solitario de la túnica mucosa del estómago 33
folículo linfático solitario de la túnica mucosa del intestino delgado 38
folículo lingual 68
folículo ovárico 81, 82, 83, 84, 85
    en crecimiento 82, 83, 84, 85
    evolución del 81
    fase de crecimiento del 84
    primario o primitivo 81, 82, 83, 85
    rotura del 82, 83, 84, 85
folículo piloso 71, 72
    capilar sanguíneo arterial del 72
    capilar sanguíneo venoso del 72

membrana basal del 72
fondo de ojo 60
fondo de saco rectovesical 78
fondo de saco vaginal posterior 79
fondo del útero 79, 82, 83, 85
fórnix conjuntival inferior 61
fórnix conjuntival superior 61
fórnix del cerebro 53
fosa axilar, región de la 8
fosa de la ventana de la cóclea en la
    membrana timpánica 64, 66
fosa del yunque de la cavidad del
    tímpano 66
fosa iliaca 20
    región de la 8
fosa infraclavicular, región de la 8
fosa infraespinosa del hueso
    escápula u omóplato 15
fosa intercondílea del hueso fémur
    15
fosa nasal 67
fosa navicular de la uretra 77, 78
fosa olecraneana del hueso húmero
    15
fosa poplítea 6, 7
    región de la 9
fosa subescapular 19
fosa supraespinosa del hueso
    escápula u omóplato 15
fosa temporal 17
fosa triangular del pabellón auricular
    64
fosa trocantérica del hueso fémur 20
fosfato 11
fosita coronoidea del hueso húmero
    19
fosita gástrica 33
fóvea central de la retina 60
frenillo lingual 68
frente 6, 7
frontal, eminencia 17
frontal, hueso 12, 14, 16, 17, 61, 67
frontal, músculo 24, 26, 27
frontal, nervio 61
frontal, región 8, 9
frontal, seno 67
frontal media, eminencia 17
frontocigomática, sutura 17
frontomaxilar, sutura 67
frontonasal, sutura 67
frontoparietal, sutura 14, 16
fungiforme, papila gustativa 68, 69,
    70

g
ganchoso, hueso 14, 18
ganglio del nervio trigémino 41
ganglio espinal o raquídeo 58
ganglio simpático paravertebral 58
ganglios del tronco simpático 78, 79
gástrica izquierda, arteria 35
gástrica izquierda, vena 35
gástricos, pliegues 32
gastroduodenal arteria 35
gastroesplénico, ligamento 52
gemelo, músculo 24, 25, 26
    porción externa del 25
    porción interna del 25
    rafe del 25
    tendón del 25
genioglloso, músculo 68
genitales femeninos 7, 79, 81
    externos 79
    internos 79
genitales masculinos 80
    externos 80
genitofemoral, nervio 56
gestación, desarrollo del feto
    durante la 87
glabela 17
glande del clítoris 79
glande del pene 77, 78, 80
    corona del 78
    tabique del 78
glándula de Cowper 77, 78
glándula de Ebner 69
glándula de Meibomio 61

canal de la 61
glándula de Zeis 61
glándula intestinal 38, 39
glándula lacrimal 61
glándula lingual anterior 68
glándula mamaria 90
    acino de la 90
glándula mucosa bronquial 45
glándula mucosa de la lengua 69
glándula mucosa de la tráquea 44
glándula olfatoria 67
glándula propia gástrica 33
glándula sebácea 71, 72
glándula sudorípara 71, 72
glándula sudorípara apocrina 72
glándula sudorípara ecrina 72
glándula suprarrenal 35, 75
glándula uterina 84
globo ocular 62, 63
glóbulo blanco de la sangre 52
glóbulo rojo de la sangre 52
glomérulo renal 76
    arteriola aferente del 76
    arteriola eferente del 76
glosofaríngeo, nervio 54, 70
glotis 44
glútea, región 9
glúteo, pliegue 6, 71
glúteo mayor, músculo 25, 26
glúteo mediano, músculo 24, 25
Golgi, aparato de 10
grande, hueso 14, 18
granulaciones aracnoideas 55
gránulos de Nissl 57
grasa de la hipodermis 71
grasa de la mama 90
Gratiolet, radiación de 62, 63
guanina 11
gustativa, célula 69
gustativa, papila 70
gustativo, cáliz 69
gustativo, poro 69
gusto 68, 69, 70

h
Haller, red de 80
haustras del colon 31, 39
haz de His 50
    rama derecha del 50
    rama izquierda del 50
hélix 64, 66
    canal del 64
    cola del 64
    raíz del 64
hemisferio cerebeloso 54
hemisferio cerebral 53
hendidura bucal 31
hendidura esfenoidal 14, 17
hendidura esfenomaxilar 14
Henle, asa de 76
hepática, arteria 35, 37
    rama de la 36
hepática izquierda, vena 37
hepática propia, arteria 35
hepático, sinusoide 36
hepático, tejido 36
hepatocito 36
hígado 31, 36, 37, 88
    borde inferior del 36, 37
    cara diafragmática del 37
    cara diafragmática del lóbulo
        derecho del 36
    cara diafragmática del lóbulo
        izquierdo del 36
    impresión de la glándula
        suprarrenal en el 37
    impresión del colon en el 37
    impresión del esófago en el 37
    impresión del estómago en el 37
    impresión del riñón en el 37
    ligamento coronario del 36, 37
    ligamento falciforme del 31, 36,
        37
    ligamento redondo del 36, 37
    ligamento triangular derecho del
        36, 37

ligamento triangular izquierdo
    del 36, 37
lóbulo caudado del 37
lóbulo cuadrado del 37
lóbulo derecho del 31, 37
lóbulo izquierdo del 31, 37
segmento anterior del 36
segmento lateral del 36
segmento medio del 36
segmento posterior del 36
tubérculo caudado del 37
tubérculo omental del 37
tubérculo papilar del 37
himen 79
hioides, hueso 12, 16, 44, 68
hipermetropía 63
hipocampo 54
hipocondríaca, región 8, 9
hipodermis 71
    arteria de la 71
    tejido adiposo o grasa de la 71
    vena de la 71
hipófisis 54
hipogástrica, región 8
hipogástrico inferior, plexo 78, 79
hipogástrico superior, plexo 78, 79
hipogloso, haz de 50
His, haz de 50
hombro 6, 7
hueco axilar, región del 8
hueco poplíteo 6, 7
    región del 9
hueco supraesternal 6, 7
hueco supratroclear del hueso fémur
    20
huesecillos del oído medio 66
hueso alveolar 40, 41
hueso astrágalo 14, 15, 16, 18
hueso atlas 15, 16, 21, 22, 64
hueso axis 15, 16, 21, 22
hueso calcáneo 15, 16, 18
hueso cigomático 12, 14, 16, 17
hueso clavícula 6, 7, 13, 14, 15, 16, 19
hueso cóccix 13, 15, 16, 21, 23, 58, 88
hueso cornete 12, 17
hueso coxal o ilíaco 13, 14, 15, 16, 20
hueso craneal 55
hueso cúbito 13, 14, 15, 16, 18, 19, 28
hueso cuboides 16, 18
hueso cuneiforme externo o cuña
    lateral 16, 18
hueso cuneiforme interno cuña
    media 16, 18
hueso cuneiforme medio o cuña
    intermedia 16, 18
hueso escafoides 14, 16, 18
hueso escápula u omóplato 6, 7, 13,
    14, 15, 16, 19
hueso esfenoides 12, 14, 16, 17, 61,
    67
hueso esternón 13, 14, 16, 88
hueso estribo 12, 64, 65, 66
hueso etmoides 12, 16, 17, 67
hueso falange 14, 15, 16, 18, 73
hueso falangeta 18
hueso falangina 18
hueso fémur 13, 14, 15, 16, 20
hueso frontal 12, 14, 16, 17, 61, 67
hueso ganchoso 14, 18
hueso grande 14, 18
hueso hioides 12, 16, 44, 68
hueso húmero 13, 14, 15, 16, 19
hueso ilíaco o coxal 13, 14, 15, 16, 20
hueso ilion 14
hueso isquion 15, 16, 20
hueso lacrimal 12, 16, 17
hueso malar 12, 16, 17
hueso mandíbula o maxilar inferior
    12, 14, 15, 16, 17, 31, 40, 41, 61, 68
hueso martillo 12, 64, 65, 66
hueso maxilar inferior o mandíbula
    12, 14, 15, 16, 17, 31, 40, 41, 61, 68
hueso maxilar superior 12, 14, 17, 31,
    40, 41, 67
hueso metacarpiano 18
hueso metatarsiano 28
hueso nasal 12, 14, 16, 17, 67

hueso navicular 16, 18
hueso occipital 12, 15, 16, 17, 64
hueso omóplato o escápula 6, 7, 13,
    14, 15, 16, 19
hueso palatino 12, 61, 67
hueso parietal 12, 14, 15, 16, 17
hueso peroné 13, 14, 15, 16, 18, 20,
    28
hueso piramidal 14, 18
hueso pisiforme 14, 18
hueso pubis 14
hueso radio 13, 14, 15, 16, 19, 28
hueso rótula 13, 14, 16, 20, 24
hueso sacro 13, 14, 15, 16, 21, 23, 58,
    78, 79, 88
hueso semilunar 14, 18
hueso sesamoideo 18
hueso temporal 12, 14, 15, 16, 17, 64
hueso tibia 13, 14, 15, 16, 18, 20, 28
hueso trapecio 14, 18
hueso trapezoide 14, 18
hueso vértebra, 14, 15, 16, 21, 22, 23,
    88
hueso vómer 12, 17, 67
hueso yunque 12, 64, 65, 66
huesos de la cabeza 12
huesos de la extremidad inferior 13,
    20
huesos de la extremidad superior 13,
    19
huesos de la mano 13, 18
huesos de los dedos de la mano 13
huesos de los dedos del pie 13
huesos del carpo 13, 14, 15, 16
huesos del cráneo 17
huesos del metacarpo 13, 14, 15, 16
huesos del metatarso 13, 18
huesos del pie 13, 18
huesos del tarso 13
huesos del tronco 13
huevo 83, 84, 85
    convertido en blástula 83, 85
    convertido en mórula 83, 85
    bajada por la trompa del 84
    células de segmentación del 83
    división en blastómeras del 83, 85
    estancia libre en la cavidad
        uterina del 84
    llegada al útero del 84
    nidación en el útero del 84, 85
    recorrido hasta su nidación en el
        útero 83, 85
humeral, arteria 46
humeral, cóndilo 19
humeral, diáfisis 19, 20
humeral, epicóndilo 14, 19
humeral, epitróclea 14, 19
humeral, tróclea 14, 19
húmero, hueso 13, 14, 15, 16, 19
    cabeza del 15, 19
    cara anterolateral del 19
    cara anteromedial del 19
    cóndilo del 19
    corredera bicipital del 19
    cresta subtroquiniana del 19
    cresta subtroquiteriana del 19
    cresta supracondílea lateral del
        19
    cresta supracondílea media del 19
    cuerpo del 19
    epicóndilo del 19
    epífisis inferior del 19
    epífisis superior del 19
    epitróclea del 19
    fosa olecraneana del 15
    fosita coronoidea del 15
    tubérculo mayor del 19
    tubérculo menor del 19
    tuberosidad deltoidea del 19
humor acuoso 59
humor vítreo 59, 60
huso muscular 73

i
ileal, arteria 35
ileal, vena 35
ileocecal, válvula 31

íleon 31, 38, 39
    pared del 38
    porción terminal del 31
ilíaca, cresta 16, 20
ilíaca, fosa 20
ilíaca, tuberosidad 20
ilíaca externa, arteria 46
ilíaca externa, vena 47
ilíaca interna, arteria 46
ilíaca interna, vena 47
ilíaca primitiva derecha, arteria 46
ilíaca primitiva derecha, vena 47
ilíaca primitiva izquierda, arteria 46
ilíaca primitiva izquierda, vena 47
ilíaco o coxal, hueso 13, 14, 15, 16, 20
    acetábulo del 20
    espina ilíaca anteroinferior del 14,
        20
    espina ilíaca anterosuperior del
        14
    espina ilíaca posteroinferior del
        15, 16
    espina ilíaca posterosuperior del
        15, 16
    línea glútea posterior del 16
    surco supraacetabular del 20
ilíaco, músculo 24
iliocostal, músculo 25
iliohipogástrico, nervio 56
ilioinguinal, nervio 56
ilion, hueso 14, 20
    ala del 20
    cuerpo del 20
iliopúbica, eminencia 20
iliotibial, ligamento 24, 25
implantación de la blástula en el
    útero 83, 85
incisivo, diente 40, 41
índice, dedo 18
inervación de los dientes 41
inervación motora de la lengua 70
inervación sensitiva de la lengua 70
inervación vegetativa del aparato
    genital femenino 79
inervación vegetativa del aparato
    genital masculino 78
infraescapular, región 9
infraespinoso, músculo 25, 26
inframamaria, región 8
infraorbitario, arco 17
infraorbitario, nervio 61
infraorbitario, orificio 14, 16, 17
infundíbulo de la trompa de Falopio
    79, 82, 83, 85
infundíbulo del cerebro 54
infundíbulo vascular del disco óptico
    60
ingle 6, 7
inguinal, región 8
inspiración 45
intercambio gaseoso en los alvéolos
    pulmonares 45
intercostal, músculo 45
intercostal, nervio 56
interescapular, región 9
interfalángica distal de la mano,
    articulación 28, 73
interfalángica distal del pie,
    articulación 28
interfalángica proximal de la mano,
    articulación 28
interfalángica proximal del pie,
    articulación 28
interglúteo, pliegue 6, 7
intermedia del codo, vena 47
intermediario, nervio 54
interóseo dorsal de la mano,
    músculo 24, 25, 26, 28
interóseo dorsal del pie, músculo 24,
    28
interóseo palmar, músculo 28
interventricular, tabique 48, 50
intervertebral, disco 14, 16
intestino delgado 31, 38, 88
    capa de fibras musculares
        circulares del 38

Índice analítico

capa de fibras musculares longitudinales del 38
capa submucosa del 38
capa subserosa del 38
lámina muscular de la mucosa del 38
intestino grueso 38, 39
iris 59, 60, 61, 62
  anillo mayor del 62
  anillo menor del 62
  borde pupilar del 62
  cara posterior del 62
  ligamento pectinado del 62
  pliegue del 62
  retículo trabecular del 62
islote de Langerhans 34
islote pancreático 34
  célula α del 34
  célula β del 34
  célula D del 34
isquiática, espina 16
isquiática, tuberosidad 20
isquion, hueso 15, 16, 20
  cuerpo del 20
  rama del 20
  tuberosidad del 15, 16
istmo de la trompa de Falopio 79
istmo del útero 79

j
jugo gástrico 31
jugo intestinal 31
jugo pancreático 31

k
Krause, corpúsculo de 71

l
laberinto membranoso 66
laberinto óseo 65
  ampolla anterior del 65
  ampolla lateral del 65
  ampolla posterior del 65
  conducto semicircular anterior del 65
  conducto semicircular lateral del 65
  conducto semicircular posterior del 65
  vestíbulo del 65
labial, región 8
labio inferior 68
labio mayor de la vulva 77, 79, 88
labio menor de la vulva 77, 79, 88
lacrimal, aparato 61
lacrimal, carúncula 61
lacrimal, glándula 61
lacrimal, hueso 12, 16, 17
lacrimal, nervio 61
lacrimal, punto 61
lacrimal, saco 61
lacrimal inferior, conductillo o canalículo 61
lacrimal superior, conductillo o canalículo 61
lambdoidea, sutura 15, 16, 17
lámina cribosa de la esclerótica 60
lámina cribosa del hueso etmoides 67
lámina ungueal 73
Langerhans, islote de 34
laringe 42, 44, 68
lateral del cuello, región 8
lateral del tórax, región 8, 9
latido cardíaco, fases del 51
lecho ungueal 73
lengua 31, 68, 69, 70
  agujero ciego de la 68
  borde de la 68
  cara inferior de la 68
  cuerpo de la 68
  dorso de la 68
  glándulas mucosas de la 69
  inervación motora de la 70
  inervación sensitiva de la 70
  pliegue fimbriado de la 68

porción postsulcal del dorso de la 68
porción presulcal del dorso de la 68
raíz de la 68, 69
superficie de la 69
surco mediano de la 68, 69
surco terminal de la 68
vasos sanguíneos de la 69
vértice o punta de la 68
lente convergente 63
lente del ojo 60
lente divergente 63
lienal, arteria 35, 52
lienal, vena 35, 47, 52
ligamento anular de la tráquea 42, 44
ligamento arterioso 49
ligamento circular del diente 40
ligamento coronario del hígado 36, 37
ligamento cricotiroideo 42, 44
ligamento de la vena cava inferior 37
ligamento dorsal del carpo 28
ligamento esplenorrenal 52
ligamento falciforme del hígado 31, 36, 37
ligamento gastroesplénico 52
ligamento iliotibial 24, 25
ligamento palpebral medio 61
ligamento pectinado del iris 62
ligamento puboprostático 78
ligamento redondo del hígado 36, 37
  cisura del 37
ligamento rotuliano 24, 26
ligamento suspensorio del ovario 79
ligamento suspensorio del pene 78
ligamento tirohioidal 44
ligamento transverso del carpo 28
ligamento transverso del metacarpo 28
ligamento triangular derecho del hígado 36, 37
ligamento triangular izquierdo del hígado 36, 37
ligamento umbilical mediano 77
ligamento uteroovárico 79
línea alba 78, 79
línea de Schwalbe 59
línea glútea posterior del hueso coxal o ilíaco 16
línea nucal inferior del cráneo 15, 17
línea nucal superior del cráneo 15, 17
línea occipital inferior del cráneo 15
línea occipital superior del cráneo 15
línea temporal inferior del cráneo 17
línea temporal superior del cráneo 17
línea trapezoidea del hueso clavícula 19
linfocito 52
lingual, amígdala 68
lingual, aponeurosis 68
lingual, folículo 68
lingual, frenillo 68
lingual, mucosa 68
lingual, nervio 41
lingual, tabique 68
lingual anterior, glándula 68
lisosoma 10
lóbulo auricular o de la oreja 64, 66
lóbulo de la língula del pulmón izquierdo 42
lóbulo inferior del pulmón derecho 42, 43
  segmento anterior basal del 43
  segmento lateral basal del 43
  medial basal del 43
  segmento posterior basal del 43
  segmento superior del 43
lóbulo inferior del pulmón izquierdo 42
  segmento anterior basal del 43
  segmento lateral basal del 43
  segmento medial basal del 43
  segmento posterior basal del 43
  segmento superior del 43

lóbulo medio del pulmón derecho 42, 43
  segmento lateral del 43
  segmento medial del 43
lóbulo occipital del cerebro 54
lóbulo superior del pulmón derecho 42, 43
  segmento anterior del 43
  segmento apical del 43
  segmento posterior del 43
lóbulo superior del pulmón izquierdo 42, 43
  segmento anterior del 43
  segmento apical del 43
  segmento inferior de la língula del 43
  segmento posterior del 43
  segmento superior de la língula del 43
lomo 6, 7
longitudinal inferior de la lengua, músculo 68
longitudinal superior de la lengua, músculo 68
lumbar, cuarta vértebra 16, 23
lumbar, plexo 58
lumbar, quinta vértebra 15, 23
lumbar, región 9
lumbares, raíces espinales 58
lumbares, vértebras 14, 15, 16, 21, 23, 58
lumbrical de la mano, músculo 28
lúnula de la uña 73

ll
llegada del huevo al útero 84
llenado auricular 51
llenado ventricular 51

m
mácula densa 76
mácula lútea de la retina 59, 60
maduración y recorrido del óvulo fecundado 83
maduración y recorrido del óvulo sin fecundar 82
malar, hueso 12, 16, 17
maleolar interna, región 8
maléolo externo o lateral 14, 15, 20, 28
maléolo interno o medio 14, 15, 20, 28
Malpighi, corpúsculo esplénico de 52
Malpighi, corpúsculo renal de 76
Malpighi, pirámide renal de 75
mama 7, 88, 90
  cuerpo de la 90
  grasa de la 90
mamaria, glándula 90
mamaria, región 8
mamilar, cuerpo o tubérculo 54, 63
mandíbula o maxilar inferior, hueso 12, 14, 15, 16, 17, 31, 40, 41, 68
  apófisis coronoides de la 17
  cuerpo de la 17
  de un embrión de cuatro semanas 87
  huellas de las raíces de los dientes en la 40, 41
mandibular del trigémino, rama 17
mano 6, 7, 13, 14, 15, 16, 18, 19, 28
  dedos de la 6, 7, 18, 19
  falanges de la 15, 16
  huesos de la 13, 18
  huesos de los dedos de la 13
  músculos de la 28
  palma de la 6, 7
  región dorsal de la 8, 9
manubrio esternal 14, 16
martillo, hueso 12, 64, 65, 66
  apófisis anterior o larga del 66
  apófisis externa del 64
  apófisis lateral o corta del 66
  cabeza del 64, 66
  cuello del 66
  mango o manubrio del 64, 66
masetero, músculo 24, 26, 27

masticación, músculo de la 40
mastoidea, escotadura 17
mastoides, apófisis 17
materia fecal 31
maxilar, seno 61
maxilar inferior o mandíbula, hueso 12, 14, 15, 16, 17, 31, 40, 41, 68
  apófisis coronoides del 17
  cuerpo del 17
  de un embrión de cuatro semanas 87
  huellas de las raíces de los dientes en el 40, 41
maxilar inferior, nervio 54
maxilar superior, hueso 12, 14, 16, 17, 31, 40, 41, 61, 67
  apófisis frontal del 14, 61, 67
  eminencias alveolares del 17
  espina nasal anterior del 17
  huellas de la raíces de los dientes en el 40, 41
maxilar superior, nervio 41, 54
meato nasal inferior 67
meato nasal medio 67
meato nasal superior 67
mediano, nervio 56
medio, dedo 18
médula espinal 54, 55, 58, 73, 78, 79, 88
  asta anterior de la 58, 73
  asta posterior de la 58, 73
  conducto central de la 73
  cordón lateral de la 58
  cordón posterior de la 58
  substancia blanca de la 73
  substancia gris central de la 73
  surco medio anterior de la 73
  surco medio posterior de la 73
médula renal 75, 76
Meibomio, glándula de 61
Meissner, corpúsculo de 57, 71, 72
mejilla 6, 7
melanocito 71
membrana basal de la cápsula de Bowman 76
membrana basal de la mucosa olfatoria 67
membrana basal del folículo piloso 72
membrana basal de una arteria 46
membrana basal de una vena 47
membrana basilar del conducto coclear 65
membrana celular o citoplasmática 10
membrana de Bowman 59
membrana de Bruch 59
membrana de Descemet 59
membrana de Reissner 65
membrana de Shrapnell 64
membrana del tímpano 64, 66
  estría del martillo de la 64
  pliegue maleolar anterior de la 64
  pliegue maleolar posterior de la 64
  porción fláccida de la 64
  porción tensa de la 64
  prominencia maleolar de la 64
  promontorio de la 64
membrana elástica externa de una arteria 46
membrana elástica interna de una arteria 46
membrana hialoidea 60
membrana limitante externa de la retina 59
membrana limitante interna de la retina 59
membrana nuclear 10, 11
membrana pelúcida del óvulo 81
membrana tectoria del conducto coclear 65
membrana vitelina del óvulo 81
meninges 55
menstruación 82, 84
mentón 6, 7
mentoniana, región 8

mentoniano, canal 40
mentoniano, nervio 41
mentoniano, orificio 14, 16, 17
meñique, dedo 18
Merkel, corpúsculo de 57
mesencéfalo 63
  acueducto del 63
  techo del 63
mesentérica inferior, arteria 35, 46, 75
mesentérica inferior, vena 35, 47
mesentérica superior, arteria 35, 46, 75
mesentérica superior, vena 35, 47
mesenterio 38
metacarpiano, hueso 18
  cabeza del 18
  base del 18
metacarpo 18, 19
  huesos del 13, 14, 15, 16
  ligamento transverso del 28
metatarsiano, hueso 18
  base del 18
  cabeza del 18
  primer 28
  tubérculo del quinto 18
metatarso 13, 16, 18, 20
  huesos del 13, 18
microcilio de la célula 10
microfilamento de la célula 10
microtúbulo de la célula 10
microvellosidad de la célula 10
mielina, vaina de 57
milohioideo, músculo 68
miocardio 48
miofibrilla 29
miometrio 79, 85, 86
miopía 63
miosina 29
mirtiforme, músculo 27
mitocondria 10
mitocondrial, cresta 10
mitral, válvula 48, 51
molar, diente 40, 41
monocito 52
Monro, orificio de 55
monte de Venus 79
Montgomery, tubérculo de 90
Morgagni, ventrículo de 44
mórula 83, 85
motor ocular común, nervio 54, 61
motor ocular externo, nervio 54, 61
mucosa gástrica, 31, 32, 33
  pliegues de la 31, 32
mucosa lingual 68
mucosa olfatoria 67
  células de sostén de la 67
  membrana basal de la 67
mujer embarazada, abdomen de una 88
muñeca 6, 7
muscular, fibra 29
muscular, huso 73
muscular, tejido 29
músculo 29, 73
  biceps 29
  bipenniforme 29
  circular 29
  corto 29
  fusiforme 29
  largo 29
  plano 29
  poligástrico 29
músculo abductor del dedo pequeño del pie 28
músculo abductor del meñique 24, 28
músculo abductor del pulgar 28
músculo abductor largo del pulgar 24, 25, 26
músculo aductor del dedo gordo 28
músculo aductor del pulgar 26, 28
músculo aductor mayor del muslo 24, 25
músculo aductor mediano del muslo 24
músculo aductor menor del muslo 24

músculo ancóneo 25, 26
músculo angular del omóplato o la escápula 24, 25
músculo auricular anterior 24
músculo auricular posterior 25, 26, 27
músculo auricular superior 24, 25
músculo bíceps braquial 24, 26, 30
músculo bíceps crural 25, 26
músculo borla del mentón 24, 27
músculo braquial anterior 24, 25, 26
músculo braquiorradial 26
músculo buccinador 24, 27
músculo canino 24, 27
músculo cigomático mayor 24, 26, 27
músculo cigomático menor 24, 27
músculo ciliar 59, 60, 62
músculo ciliar largo 61
músculo coracobraquial 24
músculo cuadrado del mentón 27
músculo cubital anterior 24, 25
músculo cubital posterior 25
músculo cutáneo del cuello 27
músculo deltoides 24, 25, 26
músculo depresor del ángulo de la boca 26, 27
músculo depresor del labio inferior 24, 26, 27
músculo diafragma 36, 45, 88
músculo dilatador de la nariz 27
músculo dilatador de la pupila 59
músculo dorsal ancho 24, 25
músculo elevador común del ala de la nariz y el labio superior 24, 27
músculo elevador del ano 79
músculo elevador del omóplato o la escápula 26
músculo elevador del párpado superior 61
músculo elevador propio del labio superior 24, 27
músculo erector del cabello 71
músculo esfínter de la pupila 59
músculo esfínter del ano 78
músculo esfínter del píloro 31, 34
músculo esofágico 44
músculo esplenio de la cabeza 25, 26, 27
músculo esternocleidohioideo 24
músculo esternocleidomastoideo 24, 25, 26, 27
músculo extensor común de los dedos de la mano 25, 26
músculo extensor común de los dedos del pie 24, 25
músculo extensor corto de los dedos del pie 26, 28
músculo extensor corto del dedo gordo 26
músculo extensor corto del pulgar 25, 26, 28
músculo extensor largo de los dedos del pie 26
músculo extensor largo del dedo gordo 26
músculo extensor largo del pulgar 25, 28
músculo extensor propio del dedo gordo 24, 28
músculo extensor propio del índice 25
músculo extensor propio del meñique 25
músculo extensor radial corto del carpo 26
músculo extensor radial largo del carpo 26
músculo flexor común profundo de los dedos de la mano 24
músculo flexor común superficial de los dedos de la mano 24
músculo flexor del meñique 28
músculo flexor del pulgar 28
músculo flexor largo común de los dedos del pie 25
músculo flexor largo del dedo gordo 25

músculo flexor largo del pulgar 24, 26
músculo frontal 24, 26, 27
músculo gemelo 24, 25, 26
músculo geniogloso 68
músculo glúteo mayor 25, 26
músculo glúteo mediano 24, 25
músculo ilíaco 24
músculo iliocostal 25
músculo infraespinoso 25, 26
músculo intercostal 45
músculo interóseo dorsal de la mano 24, 25, 26, 28
músculo interóseo dorsal del pie 24, 28
músculo interóseo palmar 28
músculo longitudinal inferior de la lengua 68
músculo longitudinal superior de la lengua 68
músculo lumbrical de la mano 28
músculo masetero 24, 26, 27
músculo milohioideo 68
músculo mirtiforme 27
músculo oblicuo inferior del ojo 61
músculo oblicuo mayor del abdomen 24, 25, 26
músculo oblicuo menor del abdomen 25
músculo oblicuo superior del ojo 61
músculo occipital 25, 26
músculo omohioideo 24, 26
músculo oponente del meñique 28
músculo oponente del pulgar 28
músculo orbicular de los labios 24, 26, 27
músculo orbicular de los párpados 24, 26, 27, 61
músculo palatofaríngeo 68
músculo palatogloso 68
músculo palmar cutáneo 24
músculo palmar mayor 24
músculo palmar menor 24
músculo papilar anterior del corazón 48
músculo papilar posterior del corazón 48
músculo pectíneo 24
músculo pectoral mayor 24, 26
músculo pedio 28
músculo peroneo anterior 24, 28
músculo peroneo lateral corto 24, 25, 26, 28
músculo peroneo lateral largo 24, 25, 26
músculo piramidal de la nariz 24, 27
músculo plantar delgado 25, 26
músculo primer radial externo 25
músculo pronador cuadrado 28
músculo pronador redondo 24, 26
músculo psoas mayor 24
músculo radial externo 24
músculo recto anterior del muslo 24, 26
músculo recto del abdomen 24, 26, 88
músculo recto externo del ojo 59, 60, 61
músculo recto inferior del ojo 61
músculo recto interno del muslo 25
músculo recto interno del ojo 59, 60, 61
músculo recto superior del ojo 61
músculo redondo mayor 25, 26
músculo redondo menor 26
músculo risorio de Santorini 24, 26, 27
músculo romboides mayor 25
músculo sacroespinal 25
músculo sartorio 24, 25, 26
músculo segundo radial externo 25
músculo semiespinoso de la cabeza 27
músculo semimembranoso 25, 26
músculo semitendinoso 25
músculo serrato 26
músculo serrato anterior 26

músculo serrato mayor 24
músculo sóleo 24, 25, 26
músculo superciliar 24
músculo supinador corto 24
músculo supinador largo 24
músculo temporal 24, 26, 27
músculo tensor de la fascia lata 24, 25
músculo tensor del tímpano 64
músculo tibial anterior 24, 26
músculo transversal de la lengua 68
músculo transversal de la nariz 27
músculo transverso de la nuca 25
músculo trapecio 24, 25, 26, 27
músculo traqueal 44
músculo triangular de los labios 24, 27
músculo tríceps braquial 24, 25, 30
músculo vasto externo 24, 25, 26
músculo vasto interno 24, 25, 26
músculo vertical de la lengua 68
musculocutáneo, nervio 56
musculocutáneo de la pierna, nervio 56
músculos de la cabeza 27
músculos de la mano, 28
músculos del cuerpo humano 24, 25, 26
músculos del pie 28
muslo 6, 7, 20

n

nalga 6, 7
nariz 6, 7
   vestíbulo de la 67
nasal, fosa 67
nasal, hueso 12, 14, 16, 17, 67
nasal, región 8
nasal accesorio, cartílago 67
nasal alar, cartílago 67
nasal inferior, cartílago 67
   pilar lateral del 67
   pilar medio del 67
nasal superior, cartílago 67
nasociliar, nervio 61
nasolacrimal, conducto 61
nasomaxilar, sutura 17, 67
navicular, hueso 16, 18
nefrona 76
nervio ampular anterior 65
nervio ampular lateral 65
nervio ampular posterior 65
nervio auditivo 54
nervio axilar 56
nervio bronquial 45
nervio ciático mayor 56
nervio ciático poplíteo externo 56
nervio ciático poplíteo interno 56
nervio ciliar 62
nervio coclear 64, 65, 66
nervio crural 56
nervio cubital 56
nervio cutáneo antebraquial lateral 56
nervio cutáneo sural externo 56
nervio cutáneo sural interno 56
nervio dental inferior 40, 41
nervio dental posterior 41
nervio digital palmar común 56
nervio digital palmar propio 56
nervio espinal 54
nervio esplácnico pélvico 78, 79
nervio facial 54, 70
nervio femoral 56
nervio femorocutáneo 56
nervio frontal 61
nervio genitofemoral 56
nervio glosofaríngeo 54, 70
nervio hipogloso 54
nervio iliohipogástrico 56
nervio ilioinguinal 56
nervio infraorbitario 61
nervio intercostal 56
nervio intermediario 54
nervio lacrimal 61
nervio lingual 41
nervio maxilar inferior 54

nervio maxilar superior 41, 54
nervio mediano 56
nervio mentoniano 41
nervio motor ocular común 54, 61
nervio motor ocular externo 54, 61
nervio musculocutáneo 56
nervio musculocutáneo de la pierna 56
nervio nasociliar 61
nervio obturador 56
nervio oftálmico 41, 54
nervio olfatorio 54, 67
nervio óptico 54, 59, 60, 61, 62, 63
nervio patético 54, 61
nervio peroneo común 56
nervio peroneo profundo 56
nervio peroneo superficial 56
nervio pudendo 56, 78, 79
nervio radial 56
nervio raquídeo 58
   raíz anterior o eferente del 58, 73
   raíz posterior o aferente del 58, 73
   rama anterior del 58
   rama posterior del 58
   ramo comunicante blanco del 58
   ramo comunicante gris del 58
   ramo meníngeo del 58
nervio sacular 65
nervio safeno 56
nervio suborbitario 41
nervio tibial 56
nervio tibial anterior 56
nervio trigémino 41, 54
nervio troclear 54, 61
nervio utricular 65
nervio vaginal 79
nervio vago 54, 70
nervio vestibular 65
nervio vestibulococlear 54
neurona 57, 73
   bipolar 57
   comunicante 73
   corona axonal de la 57
   cuerpo celular de la 57
   motora 57, 73
   multipolar 57
   núcleo de la 57
   nucléolo de la 57
   placa terminal motora de la 57
   receptor de la 57
   sensitiva 73
   terminación nerviosa de la 57
   tipos de 57
   unipolar 57
neutrófilo 52
nidación del huevo en el útero 84, 85
Nissl, corpúsculos o gránulos de 57
nódulo auriculoventricular 50
nódulo de Ranvier 57
nódulo sinusal 50
novena costilla 14, 16
noveno par craneal 54
nuca 6
nucal inferior, línea 15, 17
nucal superior, línea 15, 17
nuclear, membrana 10, 11
nuclear, poro 10, 11
núcleo de la célula 10, 11
nucléolo 10, 11
nucleoplasma 10
nuez de Adán 44
nutrientes, absorción de los 31

o

oblicuo inferior del ojo, músculo 61
oblicuo mayor del abdomen, músculo 24, 25, 26
   aponeurosis del 26
oblicuo menor del abdomen, músculo 25
oblicuo superior del ojo, músculo 61
   tróclea del 61
obturado, agujero 20
obturador, nervio 56
obturadora, cresta 20
occipital, hueso 12, 15, 16, 17, 64

cóndilo del 17
escama del 17
occipital, músculo 25, 26
occipital, región 9
occipital externa, cresta 17
occipital externa, protuberancia 15, 17
occipital inferior, línea 15
occipital superior, línea 15
occipitomastoidea, sutura 17
octava costilla 14, 16
octavo par craneal 54
oftálmica, arteria 61
oftálmica, vena 61
oftálmico, nervio 41, 54
oído 64, 65, 66
oído interno 65
oído medio 65
   huesecillos del 66
oído rudimentario de un embrión de cuatro semanas 87
ojo 6, 7, 59, 60, 61, 62, 63
   cámara anterior del 59, 60
   cámara posterior del 59, 60
   fondo de 60
   polo anterior del 59, 60
   polo posterior del 59, 60
ojo de un embrión de cuatro semanas 87
olécranon del hueso cúbito 15, 19
olfato 67
olfatoria, célula 67
olfatoria, glándula 67
olfatoria, mucosa 67
olfatorio, bulbo 54, 63, 67
olfatorio, cilio 67
olfatorio, filete 67
olfatorio, nervio 54, 67
olfatorio, surco 54
olfatorio, tracto 54, 63
olfatorio, trígono 63
ombligo 6, 7, 88
omohioideo, músculo 24, 26
   vientre inferior del 26
omóplato o escápula, hueso 6, 7, 13, 14, 15, 16, 19
   acromion del 14, 15, 16, 19
   ángulo inferior del 15, 19
   ángulo lateral del 19
   ángulo superior del 19
   apófisis coracoides del 14, 19
   borde axilar del 19
   borde lateral del 19
   borde medial del 19
   borde superior del 19
   cara articular del acromion del 19
   cavidad glenoidea del 19
   crestas de inserción del subescapular del 19
   cuello del 19
   espina del 15, 16
   fosa infraespinosa del 15
   fosa supraespinosa del 15
oponente del meñique, músculo 28
oponente del pulgar, músculo 28
óptico, disco 60
óptico, nervio 54, 59, 60, 61, 62, 63
   vaina del 60
óptico, quiasma 54, 62, 63
óptico, tracto 62, 63
ora serrata 59, 60
orbicular de los labios, músculo 24, 26, 27
orbicular de los párpados, músculo 24, 26, 27, 61
   zona orbitaria del 27
   zona palpebral del 27
orbículo ciliar 62
orbital, plexo venoso 61
orbitaria, región 8, 9
oreja 6, 7
órgano de Corti o de la audición 65, 66
órganos retroperitoneales 35
orificio apendicular o del apéndice vermiforme 31, 39

orificio cervical o uterino externo 79, 85
orificio cervical o uterino interno 79
orificio de la glándula periuretral en la uretra 77
orificio de la raíz del diente 40, 41
orificio de la vagina 79
orificio de Monro 55
orificio del conducto eyaculador en la uretra 77
orificio del uréter en la vejiga urinaria 77, 78
orificio externo de la uretra 78, 79, 80
orificio faríngeo de la trompa auditiva 67
orificio infraorbitario 14, 16, 17
orificio interno de la uretra 77, 78
orificio mentoniano 14, 16, 17
orificio parietal 17
orificio supraorbitario 14
orificio supraorbitario lateral 17
orificio timpánico de la trompa auditiva 66
orificio transversario de la séptima vértebra cervical 22
orificio vertebral de la cuarta vértebra cervical 22
orificio vertebral de la quinta vértebra torácica 23
orificio vertebral de la séptima vértebra cervical 22
orificio vertebral del hueso atlas 22
orificio vertebral del hueso axis 22
orificios intervertebrales de la columna vertebral 21
ovárica, arteria 35, 46, 75
ovárica, vena 35, 47
ovárica derecha, arteria 75
ovárica derecha, vena 75
ovárica izquierda, arteria 75
ovárica izquierda, vena 75
ovárico, plexo 79
ovario 79, 81, 82, 83, 84, 85
	cuerpo amarillo o lúteo del 82, 83, 84, 85
	epitelio germinal del 81
	estroma del 81
	hilio del 81
ovocito primario 82, 83, 84
ovoplasmia 81
ovulación 81, 83, 84
óvulo 81, 82, 83
	corona radiada del 81
	expulsión del 81, 82, 83, 84, 85
	membrana pelúcida del 81
	membrana vitelina del 81
	núcleo del 81
	zona polar del 81
óvulo fecundado por un espermatozoide 83, 85
	maduración y recorrido del 83
óvulo sin fecundar, maduración y recorrido del 82
oxigenación de la sangre en el alvéolo pulmonar 45
oxígeno 45

p

pabellón auricular 64
Pacini, corpúsculo de 57, 71
palatina, amígdala 68
palatino, hueso 12, 61, 67
	apófisis orbital del 61
palatofaríngeo, músculo 68
palatogloso, arco 68
palatogloso, músculo 68
paletilla 6, 7
palma de la mano 6, 7
	región de la 8
palmar cutáneo, músculo 24
palmar mayor, músculo 24
palmar menor, músculo 24
palpebral medio, ligamento 61
palpebral superior, surco 61
páncreas 31, 34, 35, 88
	cabeza del 34, 35

cisura del 34
cola del 34, 35
cuerpo del 34
gancho del 34, 35
pancreática inferior, arteria 35
pancreática mayor, arteria 35
pancreática superior, arteria 35
pancreaticoduodenal posteroinferior, arteria 35
pancreaticoduodenal posterosuperior, arteria 35
pantorrilla 6, 7
papila de Vater 34, 37
papila dérmica 71
papila gustativa 68, 69, 70
	caliciforme 68, 69, 70
	coroliforme 70
	en botón 70
	filiforme 69, 70
	fungiforme 68, 69, 70
papila mayor del duodeno 34, 37
papila menor del duodeno 34
papila óptica 59
papila renal 75
papilar anterior del corazón, músculo 48
papilar posterior del corazón, músculo 48
parasimpático, sistema nervioso 78, 79
pared abdominal anterior 34, 36, 38, 39
pared de la vejiga urinaria 74
pared del colon 39
pared del estómago 33
pared del íleon 38
pared mastoidea de la cavidad del tímpano 66
pared torácica 48
pares craneales 54
parietal, eminencia 17
parietal, hueso 12, 14, 15, 16, 17
parietal, orificio 17
parietal, región 8, 9
parietomastoidea, sutura 17
parietooccipital, sutura 16
parietotemporal, sutura 16
parotideomasetera, región 9
párpado inferior 61
	conjuntiva del 61
	parte orbital del 61
párpado superior 61
	conjuntiva del 61
	parte orbital del 61
parto 89
patético, nervio 54, 61
pectinado del iris, ligamento 62
pectíneo, músculo 24
pectoral, región 8
pectoral mayor, músculo 24, 26
pecho 90
pedio, músculo 28
pedúnculo cerebral 63
pelo 71, 72
	corteza del 72
	cutícula del 72
	matriz del 72
	médula del 72
	raíz de un 72
	vaina radicular externa del 72
	vaina radicular interna del 72
pelo del pubis 80
pelúcida, membrana 81
pelvis 6, 7
pelvis renal 74, 75
pene 6, 78, 80
	bulbo del 78
	cuerpo del 80
	dorso del 80
	glande del 77, 78, 80
	piel del 78
	pilar del 78
	prepucio del 78, 80
pericardio 49, 88
perilinfa 66
perimetrio 79, 85
perimisio 29

periné 79
período fértil del ciclo menstrual 84
periodontio 40
peritoneo 31, 38
	visceral 38
peroné, hueso 13, 14, 15, 16, 18, 20, 28
	apófisis estiloides del 20
	borde anterior del 20
	borde posterior del 20
	cabeza del 14, 20, 24
	cuello del 20
	cuerpo del 20
	eminencia intercondílea del 14
	surco maleolar del 20
	tróclea del 18
	vértice de la cabeza del 20
peronea, arteria 46
peroneo anterior, músculo 24, 28
	tendón del 24, 26, 28
peroneo común, nervio 56
peroneo lateral corto, músculo 24, 25, 26, 28
	tendón del 25, 26, 28
peroneo lateral largo, músculo 24, 25, 26
	tendón del 25, 28
peroneo profundo, nervio 56
peroneo superficial, nervio 56
peroneos, retináculo de los músculos 25, 26, 28
peroneos, retináculo inferior de los músculos 25, 28
peroneos, retináculo superior de los músculos 25, 28
pestaña 61
pezón 7, 88, 90
piamadre 55, 59, 60
pie 6, 7, 18, 20
	dedos del 6, 7, 18, 20
	falanges del 16
	huesos del 13, 18
	huesos de los dedos del 13
	músculos del 28
	región dorsal del 8, 9
piel 71, 72, 73
	de la axila 72
	de la planta del pie 72
	del cuero cabelludo 72
	del pene 78
	tipos de 72
pierna 6, 7, 20
	región anterior de la 8, 9
	región posterior de la 8, 9
pilar del pene 78
pilar lateral del cartílago nasal inferior 67
pilar medio del cartílago nasal inferior 67
pilórico, antro 32
píloro 34
	conducto del 34
piloso, bulbo 71, 72
piloso, folículo 71, 72
piramidal, hueso 14, 18
piramidal de la nariz, músculo 24, 27
pirámide de Malpighi 75
pirámide renal 75
	base de la 75
pisiforme, hueso 14, 18
placa coriónica de la placenta 86
placa decidual de la placenta 86
placa terminal motora 29, 57
placenta 86, 88, 89
	corion de la 86, 89
	decidua de la 89
	en la quinta semana de embarazo 89
	lago de sangre materna de la 86
	placa coriónica de la 86
	placa decidual de la 86
	tabique de la 86
	vaso de sangre materna de la 86
	vellosidad corial o coriónica de la 86, 89
planta del pie, piel de la 72

plantar, arco 6, 7
plantar delgado, músculo 25, 26
	tendón del 25
plaqueta 52
platillo tibial interno 14
plexo braquial 56, 58
	tronco primario inferior del 56
	tronco primario medio del 56
	tronco primario superior del 56
plexo cervical 56, 58
plexo coroideo del ventrículo lateral del cerebro 63
plexo deferencial 78
plexo dental inferior 41
plexo hipogástrico inferior 78, 79
plexo hipogástrico superior 78, 79
plexo lumbar 58
plexo ovárico 79
plexo prostático 78
plexo pudendo 58
plexo sacro 58, 78, 79
plexo testicular 78
plexo uterovaginal 79
plexo venoso orbital 61
pliegue cefálico de un embrión de cuatro semanas 87
pliegue ciliar 62
pliegue fimbriado de la lengua 68
pliegue glosoepiglótico lateral 68
pliegue glosoepiglótico medio 68
pliegue glúteo 6, 7
pliegue interglúteo 6, 7
pliegue interureteral de la vejiga urinaria 77
pliegue submamario 90
pliegue umbilical medio 78
pliegues de la mucosa gástrica 31, 32
pliegues del duodeno 31, 32, 34
pliegues semilunares del colon 39
polo anterior del ojo 60
polo frontal del cerebro 53, 54
polo occipital del cerebro 53, 54
polo posterior del ojo 60
polo temporal del cerebro 54
poplítea, arteria 46
poplítea, fosa 6, 7
	región de la 9
poplítea, vena 47
poplíteo, hueco 6, 7
	región del 9
porción cervical de la columna vertebral 21
porción dorsal o torácica de la columna vertebral 21
porción lumbar de la columna vertebral 21
porción pélvica de la columna vertebral 21
porción sacrococcígea de la columna vertebral 21
porción torácica o dorsal de la columna vertebral 21
poro gustativo 69
poro nuclear 10, 11
poro sudoríparo 71, 72
porta, espacio 36
porta, vena 35, 37, 47
	rama de la 36
posterior de la pierna, región 8, 9
posterior de la rodilla, región 9
posterior del codo, región 9
posterior del cuello, región 9
preesternal, región 8
premenstruación 84
premolar, diente 40, 41
prepucio del clítoris 79
prepucio del pene 78, 80
presbicia 63
presternal, región 8
primer metatarsiano, hueso 28
primer par craneal 54
primer radial externo, músculo 25
primera costilla 14, 15, 16
primera dentición 40
	tiempos de erupción de la 40
primera vértebra cervical 15, 16, 22
primera vértebra dorsal o torácica 15
primera vértebra sacra 23

primera vértebra torácica o dorsal 15
proceso auditivo 66
proceso ciliar 62
proceso de digestión 31
proceso de oxigenación de la sangre en el alvéolo pulmonar 45
proceso del parto 89
prominencia facial de la cavidad del tímpano 66
promontorio del hueso sacro 23, 88
promontorio del tímpano 64, 66
	surco del 66
pronador cuadrado, músculo 28
pronador redondo, músculo 24, 26
próstata 77, 78
prostático, plexo 78
protuberancia occipital externa 15, 17
psoas mayor, músculo 24
púbica, región 8
pubis 6, 7
	pelo del 80
pubis, hueso 14, 20
	carilla de la sínfisis del 20
	cresta del 20
	cuerpo del 20
	espina del 16
	rama inferior del 20
	rama superior del 20
	sínfisis del 14, 78, 79, 88
	tubérculo del 20
puboprostático, ligamento 78
pudendo, nervio 56, 78, 79
pudendo, plexo 58
puente 54
puentes de hidrógeno de la cadena de ADN 11
pulgar, dedo 6, 7, 18
pulmón 42, 45
pulmón derecho 42
	base del 42
	borde inferior del 42
	cara costal del 42
	cisura horizontal del 42
	cisura oblicua del 42
	lóbulo inferior del 42, 43
	lóbulo medio del 42, 43
	lóbulo superior del 42, 43
pulmón izquierdo 42
	cara costal del 42
	cara diafragmática del 42
	cisura interlobal del 42
	cisura oblicua del 42
	escotadura cardíaca del 42
	lóbulo de la língula del 42
	lóbulo inferior del 42
	lóbulo superior del 42, 43
	vértice del 42
pulmonar, arteria 45, 49, 51
	rama de la 45
	tronco de la 49
pulmonar, válvula 48, 51
pulmonar, vena 45
	rama de la 45
pulmonar derecha, arteria 49
pulmonar derecha, vena 49
pulmonar izquierda, arteria 49
pulmonar izquierda, vena 49
pulpa blanca del bazo 52
pulpa del diente 40, 41
pulpa roja del bazo 52
punto lacrimal 61
pupila 59, 61, 62
	borde de la 62
Purkinje, red de 50

q

quiasma óptico 54, 62, 63
quinta costilla 14, 16
quinta vértebra dorsal o torácica 23
quinta vértebra lumbar 15, 23
	apófisis articular inferior de la 23
	apófisis espinosa de la 23
	apófisis transversa de la 23
	cara intervertebral del cuerpo de la 23
	carilla articular inferior de la 23

cuerpo de la 23
escotadura inferior del pedículo de la 23
escotadura superior del pedículo de la 23
tubérculo mamilar de la 23
quinta vértebra sacra 23
quinta vértebra torácica o dorsal 23
apófisis anular de la 23
apófisis articular superior de la 23
apófisis espinosa de la 23
apófisis transversa de la 23
cara intervertebral del cuerpo de la 23
cuerpo de la 23
lámina del arco vertebral de la 23
orificio vertebral de la 23
pedículo del arco vertebral de la 23
quinto metatarsiano, tubérculo del 18
quinto par craneal 54

r

radiación de Gratiolet 62, 63
radiación óptica 62, 63
radial externo, músculo 24
radial, arteria 46
radial, nervio 56
rama profunda del 56
rama superficial del 56
radio, hueso 13, 14, 15, 16, 19, 28
apófisis estiloides del 18, 19
borde anterior del 19
borde interóseo del 19
cabeza del 19
cara anterior del 19
cara articular para el carpo del 19
cuello del 19
cuerpo del 19
tuberosidad bicipital del 19
rafe del músculo gemelo 25
raíces espinales cervicales 54, 58
raíces espinales dorsales o torácicas 58
raíces espinales lumbares 58
raíces espinales sacras 58
raíces espinales torácicas o dorsales 58
raíz anterior o eferente del nervio raquídeo 58, 73
raíz del diente 40, 41
orificio de la 40, 41
raíz espinal coccígea 58
raíz posterior o aferente del nervio raquídeo 58, 73
rama anterior del nervio raquídeo 58
rama mandibular del nervio maxilar inferior 17
rama posterior del nervio raquídeo 58
ramo comunicante blanco del nervio raquídeo 58
ramo comunicante gris del nervio raquídeo 58
ramo meníngeo del nervio raquídeo 58
rampa timpánica del caracol 65, 66
rampa vestibular del caracol 65, 66
Ranvier, nódulo de 57
receptor de calor 71
receptor de frío 71
receptor de presión y vibración 71
receptor táctil 71
receso epitimpánico 64
porción cupular del 64
receso ileocecal superior 39
recorrido del huevo o cigoto hasta su nidación en el útero 83, 85
recorrido del óvulo sin fecundar 82
recto 31, 39, 78, 79, 88
ampolla del 39, 78
recto anterior del muslo, músculo 24, 26
tendón del 24
recto del abdomen, músculo 24, 26, 88

vaina del 26
recto externo del ojo, músculo 59, 60, 61
recto inferior del ojo, músculo 61
recto interno del muslo, músculo 25
recto interno del ojo, músculo 59, 60, 61
recto superior del ojo, músculo 61
rectovaginal, tabique 79
red capilar del saco alveolar 45
red de Haller 80
red de Purkinje 50
redondo mayor, músculo 25, 26
redondo menor, músculo 26
región anal 9
región antebraquial 9
región antebraquial anterior 8, 9
región antebraquial posterior 8, 9
región anterior de la pierna 8, 9
región anterior de la rodilla 8
región anterior del codo 8
región anterior del cuello 8
región axilar 9
región braquial anterior 8, 9
región braquial posterior 8, 9
región bucal 9
región calcánea 8, 9
región cigomática 9
región clavicular 8
región cubital 8, 9
región de la cavidad axilar 8
región de la fosa axilar 8
región de la fosa ilíaca 8
región de la fosa infraclavicular 8
región de la fosa poplítea 9
región de la palma de la mano 8
región de la rodilla 8
región del flanco abdominal 8, 9
región del hueco axilar 8
región del hueco poplíteo 9
región del triángulo de Scarpa 8
región del vacío abdominal 8, 9
región deltoidea 8, 9
región dorsal de la mano 8, 9
región dorsal del pie 8, 9
región epigástrica 8
región escapular 9
región esternocleidomastoidea 8, 9
región femoral 8
región femoral anterior 8
región femoral posterior 9
región frontal 8, 9
región glútea 9
región hipocondríaca 8, 9
región hipogástrica 8
región infraescapular 9
región inframamaria 8
región inguinal 8
región interescapular 9
región labial 8
región lateral del cuello 8
región lateral del tórax 8, 9
región lumbar 9
región maleolar interna 8
región mamaria 8
región mentoniana 8
región nasal 8
región occipital 9
región orbitaria 8, 9
región parietal 8, 9
región parotideomasetera 9
región pectoral 8
región posterior de la pierna 8, 9
región posterior de la rodilla 9
región posterior del codo 9
región posterior del cuello 9
región preesternal 8
región púbica 8
región sacra 9
región subclavicular 8
región submandibular 9
región supraescapular 9
región temporal 8, 9
región trocantérea 8
región umbilical 8
región urogenital 8
región vertebral 9

regiones corporales 8, 9
regla 84
Reissner, membrana de 65
renal, arteria 35, 46, 75
renal, cáliz 75
renal, columna 75
renal, corteza 75
renal, médula 75
renal, papila 75
renal, pelvis 75
renal, pirámide 75
renal, seno 75
renal, vena 35, 47, 75
renal derecha, arteria 75
renal derecha, vena 75
renal izquierda, arteria 75
renal izquierda, vena 75
respiración 45
elementos de la 45
mecanismo de la 45
retículo endoplasmático liso 10
retículo endoplasmático rugoso 10
retina 59, 60, 62, 63
arteria central de la 59
capa de células ganglionares de la 59
capa de conos y bastones de la 59
capa de fibras nerviosas de la 59
capa granulosa externa de la 59
capa granulosa interna de la 59
capa plexiforme externa de la 59
capa plexiforme interna de la 59
epitelio pigmentario de la 59
estrato cerebral de la 59
estrato neuroepitelial de la 59
estrato pigmentario de la 59
fóvea central de la 60
mácula lútea de la 60
porción ciliar de la 62
vaso sanguíneo de la 59
vena central de la 59
retináculo de los músculos extensores del carpo 25, 26, 28
retináculo de los músculos extensores del pie 26
retináculo de los músculos flexores del carpo 24, 28
retináculo de los músculos flexores del pie 25
retináculo de los músculos peroneos 25, 26, 28
retináculo inferior de los músculos extensores del pie 28
retináculo inferior de los músculos peroneos 25, 28
retináculo superior de los músculos extensores del pie 24
retináculo superior de los músculos peroneos 25, 28
retropúbico, espacio 78
ribosoma 10
riñón 35, 74, 75
borde externo del 75
borde interno del 75
corpúsculo de Malpighi del 76
corteza del 76
hilio del 75
médula del 76
polo inferior del 75
polo superior del 75
unidad funcional del 76
zona cortical del 75
riñón derecho 74, 75
riñón izquierdo 74, 75
risorio de Santorini, músculo 24, 26, 27
rodete tubárico de la faringe 67
rodete ungueal 73
rodilla 6, 7, 20
región de la 8
región anterior de la 8
región posterior de la 9
Rolando, cisura de 53
romboides mayor, músculo 25
rótula, hueso 13, 14, 16, 20, 24
base de la 20
borde externo de la 20

borde interno de la 20
cara anterior de la 20
superficie articular de la 20
vértice de la 20
rotuliano, ligamento 24, 26
rotura del folículo ovárico 82, 83, 84, 85
Ruffini, corpúsculo de 57, 71

s

sabor ácido, zona de percepción del 69
sabor amargo, zona de percepción del 69
sabor dulce, zona de percepción del 69
sabor salado, zona de percepción del 69
saco alveolar 45
red capilar del 45
saco lacrimal 61
saco vitelino 85, 87
sacra, cuarta vértebra 23
sacra, primera vértebra 23
sacra, quinta vértebra 23
sacra, región 9
sacra, segunda vértebra 23
sacra, tercera vértebra 23
sacras, raíces espinales 58
sacras, vértebras 23
sacro, hueso 13, 14, 15, 16, 21, 23, 58, 78, 79, 88
ala del 23
apófisis articular superior del 23
base del 23
canal anterior del 23
cara auricular del 23
cresta media del 23
línea transversal del 23
orificio anterior del 23
porción lateral del 23
promontorio del 23
tuberosidad del 23
vértice del 23
sacro, plexo 58, 78, 79
sacroespinal, músculo 25
sacular, nervio 65
sáculo 65
safena externa, vena 47
safena interna, vena 47
safeno, nervio 56
sagital, sutura 15, 17
salado, sabor 69
saliva 31
sangre 52
células de la 52
sangre arterial 45
sangre desoxigenada 45, 51
sangre oxigenada 45, 51
sangre venosa 45
Santorini, conducto de 34
Santorini, músculo risorio de 24, 26, 27
sarcolema 29
sarcómero, 29
banda A del 29
banda I del 29
disco Z del 29
sartorio, músculo 24, 25, 26
tendón del 24
Schwalbe, línea de 59
Schwan, célula de 57
sebácea, glándula 71, 72
segunda costilla 14, 16
segunda vértebra cervical 15, 16, 22
segunda vértebra sacra 23
segundo par craneal 54
segundo radial externo, músculo 25
semiespinoso de la cabeza, músculo 27
semilunar, hueso 14, 18
semimembranoso, músculo 25, 26
seminífero, tubo 80
semitendinoso, músculo 25
seno coronario 49, 50
orificio de entrada del 50
seno del tímpano 66

seno esfenoidal 67
seno frontal 67
seno maxilar 61
seno posterior de la cavidad del tímpano 66
seno prostático de la uretra 77
seno renal 75
seno venoso de la esclerótica 59
seno venoso del bazo 52
seno venoso del cerebro 55
senos lactíferos 90
sensación dolorosa 73
sensación gustativa, transmisión de una 70
sentidos 59, 60, 61, 62, 63, 64, 65, 66, 67, 68, 69, 70, 71, 72, 73
séptima costilla 14, 16
séptima vértebra cervical 14, 15, 22
apófisis espinosa de la 22
apófisis semilunar de la 22
apófisis transversa de la 22
arco vertebral de la 22
carilla articular superior de la 22
cuerpo de la 22
orificio transversario de la 22
orificio vertebral de la 22
superficie articular superior del cuerpo de la 22
séptimo par craneal 54
septo interalveolar 45
septo interventricular 48
septo lingual 68
serrato, músculo 26
serrato anterior, músculo 26
serrato mayor, músculo 24
sesamoideo, hueso 18
sexta costilla 14, 16
sexta vértebra dorsal o torácica 23
sexta vértebra torácica o dorsal 23
apófisis articular inferior de la 23
apófisis articular superior de la 23
apófisis espinosa de la 23
apófisis transversa de la 23
cuerpo de la 23
escotadura inferior del pedículo de la 23
escotadura superior del pedículo de la 23
pedículo de la 23
semicarilla costal inferior de la 23
semicarilla costal superior de la 23
superficie articular del cuerpo de la 23
sexto par craneal 54
Shrapnell, membrana de 64
sigmoidea, válvula 51
Silvio, acueducto de 55
Silvio, cisura de 53
silla turca 67
simpático, sistema nervioso 78, 79
sinapsis 57
axodendrítica 57
axosomática 57
sináptico, botón 57
sínfisis del hueso pubis 14, 78, 79, 88
carilla de la 20
sinusal, nódulo 50
sinusoide hepático 36
sistema circulatorio 46, 47, 48, 49, 50, 51
sistema de conducción eléctrica del corazón 50
sistema muscular 24, 25, 26, 27, 28, 29, 30
sistema nervioso 53, 54, 55, 56, 57, 58
sistema nervioso parasimpático 78, 79
sistema nervioso periférico 56
sistema nervioso simpático 78, 79
sistema óseo 12, 13, 14, 15, 16, 17, 18, 19, 20, 21, 22, 23
sístole auricular 51
sístole ventricular 48, 51
sóleo, músculo 24, 25, 26
subaracnoideo, espacio 55

subclavia derecha, arteria 46
subclavia derecha, vena 47
subclavia izquierda, arteria 46, 49
subclavia izquierda, vena 47
subclavicular, región 8
subdural, espacio 55
subescapular, fosa 19
submamario, pliegue 90
submandibular, región 9
suborbitario, conducto 41
suborbitario, nervio 41
sudorípara, glándula 71, 72
sudoríparo, conducto 72
superciliar, músculo 24
supinador corto, músculo 24
supinador largo, músculo 24
supraescapular, región 9
suprahepática, vena 47
supraorbitaria, escotadura 16
supraorbitario, arco 17
supraorbitario, orificio 14
supraorbitario lateral, orificio 17
suprarrenal, glándula 35, 75
surco coronario del corazón 49
surco del cíngulo del cerebro 53
surco del promontorio del tímpano 66
surco frontal inferior del cerebro 53
surco frontal superior del cerebro 53
surco interparietal del cerebro 53
surco interventricular del corazón 49
surco maleolar del hueso peroné 20
surco mediano de la lengua 68, 69
surco medio anterior de la médula espinal 73
surco medio posterior de la médula espinal 73
surco olfatorio del cerebro 54
surco orbitario del cerebro 54
surco palpebral superior 61
surco precentral del cerebro 53
surco supraacetabular del hueso coxal o ilíaco 20
surco temporal inferior del cerebro 53, 54
surco temporal superior del cerebro 53
surco terminal de la lengua 69
surco timpánico 66
surcos paracólicos 39
suspensorio del ovario, ligamento 79
suspensorio del pene, ligamento 78
sustancia adamantina 40
sustancia blanca de la médula espinal 73
sustancia gris central de la médula espinal 73
sustancia perforada anterior del cerebro 54
sutura coronal 14, 16, 17
sutura escamosa 17
sutura esfenoescamosa 17
sutura frontocigomática 17
sutura frontomaxilar 67
sutura frontonasal 67
sutura frontoparietal 14, 16
sutura lambdoidea 15, 16, 17
sutura nasomaxilar 17, 67
sutura occipitomastoidea 17
sutura parietomastoidea 17
sutura parietooccipital 16
sutura parietotemporal 16
sutura sagital 15, 17
sutura temporocigomática 17

t

tabique del glande del pene 78
tabique interventricular 48, 50
porción membranosa del 48
porción muscular del 48
tabique lingual 68
tabique nasal, cartílago del 67
tabique orbital 61
tabique rectovaginal 79
tacto 71, 72, 73
tálamo 53, 70
talón 6, 7

tarso 18, 20
huesos del 13
tarso palpebral inferior 61
tectoria, membrana 65
techo del mesencéfalo 63
tejido adiposo de la hipodermis 71
tejido hepático 36
tejido muscular 29
temperatura basal 84
temporal, fosa 17
temporal, hueso 12, 14, 15, 16, 17, 64
apófisis estiloides del 17, 66
apófisis mastoides del 17, 66
temporal, músculo 24, 26, 27
temporal, región 8, 9
temporal inferior, línea 17
temporal superior, línea 17
temporocigomática, sutura 17
tendón 29
tendón de Aquiles 25, 26, 28
tendón del músculo abductor largo del pulgar 26
tendón del músculo bíceps braquial 24
tendón del músculo extensor común de los dedos de la mano 26, 28
vaina del 28
tendón del músculo extensor corto del pulgar 26
vaina del 28
tendón del músculo extensor largo de los dedos del pie 26, 28
tendón del músculo extensor largo del pulgar 26
vaina del 28
tendón del músculo extensor propio del dedo gordo 28
tendón del músculo extensor propio del índice 28
tendón del músculo extensor propio del meñique 28
vaina del 28
tendón del músculo gemelo 25
tendón del músculo peroneo anterior 24, 26, 28
tendón del músculo peroneo lateral corto 25, 26, 28
tendón del músculo peroneo lateral largo 25, 28
tendón del músculo plantar delgado 25
tendón del músculo recto anterior del muslo 24
tendón del músculo sartorio 24
tendón del músculo tibial anterior 26, 28
tendón del músculo tríceps braquial 26
tenia cólica 31
tenia libre del colon 39
tensor de la fascia lata, músculo 24, 25
tensor del tímpano, músculo 64
tercer par craneal 54
tercer ventrículo cerebral 53, 55
tercera costilla 14, 16
tercera vértebra sacra 23
terminación nerviosa 53, 57, 71
libre 57
motora 73
sensitiva 71
tipos de 57
testicular, arteria 35, 46, 75
testicular, plexo 78
testicular, vena 35, 47
testicular derecha, arteria 75
testicular derecha, vena 75
testicular izquierda, arteria 75
testicular izquierda, vena 75
testículo 78, 80
conducto eferente del 80
lobulillos del 78, 80
red del 80
tabiques del 80
tibia, hueso 13, 14, 15, 16, 18, 20, 28
área intercondilar anterior de la 20

borde anterior de la 20
borde medio de la 20
cara lateral de la 20
cara media de la 20
carilla articular inferior de la 20
carilla articular maleolar de la 20
carilla articular para el peroné de la 20
carilla articular superior de la 20
cóndilo lateral de la 20
cóndilo medio de la 20
cresta de la 20
cuerpo de la 20
tuberosidad anterior de la 14, 20
tibial, nervio 56
tibial anterior, arteria 46
tibial anterior, músculo 24, 26
tendón del 26, 28
tibial anterior, nervio 56
tibial anterior, vena 47
tibial posterior, arteria 46
timina 11
tímpano 64, 65
cavidad del 66
cuerda del 64
membrana del 64, 66
ombligo del 64
seno del 66
tirohioidal, ligamento 44
tiroides, cartílago 42, 44, 68
tobillo 6, 7
torácica o dorsal, duodécima vértebra 15
torácica o dorsal, primera vértebra 15
torácica o dorsal, quinta vértebra 23
torácica o dorsal, sexta vértebra 23
torácica, pared 48
torácica interna, vena 47
torácicas o dorsales, raíces espinales 58
torácicas o dorsales, vértebras 14, 15, 16, 21, 23, 58
toracolumbar, aponeurosis 25
tórax 6, 7
región lateral del 8, 9
trabéculas fibrosas del bazo 52
trabéculas hepáticas 36
trabéculas musculares del corazón 48
tracto olfatorio 54, 63
tracto óptico 62, 63
raíz lateral del 63
raíz media del 63
tractos internodales del sistema de conducción eléctrica del corazón 50
trago 64
transmisión de una sensación sensitiva 70
fibra primaria de la 70
fibra secundaria de la 70
fibra terciaria de la 70
transversal de la lengua, músculo 68
transversal de la nariz, músculo 27
transverso de la nuca, músculo 25
transverso del carpo, ligamento 28
transverso del metacarpo, ligamento 28
trapecio, hueso 14, 18
trapecio, músculo 24, 25, 26, 27
trapezoide, hueso 14, 18
tráquea 31, 42, 43, 44
cartílago de la 42, 44
cubierta de tejido conectivo de la 44
epitelio de la 44
glándula mucosa de la 44
ligamento anular de la 42
luz de la 44
pared anterior de la 44
pared posterior de la 44
porción membranosa de la 44
traqueal, músculo 44
triangular de los labios, músculo 24, 27

triangular derecho del hígado, ligamento 36, 37
triangular izquierdo del hígado, ligamento 36, 37
triángulo de Scarpa, región del 8
tríceps braquial, músculo 24, 25, 26, 30
contraído 30
en fase de descanso 30
en relajación 30
totalmente relajado 30
cabeza larga del 26
cabeza lateral del 26
cabeza media del 26
tendón del 26
tricúspide, válvula 48, 51
trigémino, nervio 41, 54
ganglio del 41
trígono de la vejiga urinaria 77
trígono olfatorio 63
trocánter mayor del hueso fémur 14, 20
trocánter menor del hueso fémur 14, 20
trocantérea, región 8
tróclea del hueso astrágalo 18
tróclea del hueso fémur 20
tróclea del hueso húmero 14, 19
tróclea del hueso peroné 18
tróclea del músculo oblicuo superior del ojo 61
troclear, nervio 54, 61
trofoblasto 86
trompa de Eustaquio 65
trompa de Falopio 79, 82, 83, 85
ampolla de la 79
infundíbulo de la 79, 82, 83, 85
istmo de la 79
tronco, huesos del 13
tronco arterial braquiocefálico 46
tronco celíaco 35, 46
tronco de la arteria pulmonar 49
tronco primario inferior del plexo braquial 56
tronco primario medio del plexo braquial 56
tronco primario superior del plexo braquial 56
tronco simpático, ganglios del 78, 79
tronco venoso braquiocefálico derecho 47
tronco venoso braquiocefálico izquierdo 47
troquín 14, 19
troquiter 14, 15, 19
tuber cinereum 54, 63
tubérculo anterior de la apófisis transversa de la cuarta vértebra cervical 22
tubérculo anterior del hueso axis 22
tubérculo caudado del hígado 37
tubérculo conoideo del hueso clavícula 19
tubérculo de Montgomery 90
tubérculo del abductor mayor del hueso fémur 20
tubérculo del hueso pubis 20
tubérculo del quinto metatarsiano 18
tubérculo mamilar 54, 63
tubérculo mayor del hueso húmero 19
tubérculo menor del hueso húmero 19
tubérculo omental del hígado 37
tubérculo papilar del hígado 37
tubérculo posterior de la apófisis transversa de la cuarta vértebra cervical 22
tuberosidad anterior del hueso tibia 14, 20
tuberosidad bicipital del hueso radio 19
tuberosidad de la falange 18
tuberosidad del hueso calcáneo 18
tuberosidad del hueso cúbito 19
tuberosidad del hueso sacro 23

tuberosidad deltoidea del hueso húmero 19
tuberosidad ilíaca 20
tuberosidad isquiática o del hueso isquion 15, 16, 20
tuberosidad para la inserción de los ligamentos transversos del axis en el hueso atlas 22
tubo seminífero 80
túbulo colector de la nefrona 76
túbulo contorneado distal de la nefrona 76
túbulo contorneado proximal de la nefrona 76
túnica adventicia de una arteria 46
túnica adventicia de una vena 47
túnica íntima de una arteria 46
túnica íntima de una vena 47
túnica media de una arteria 46
túnica media de una vena 47
túnica mucosa del colon 39
capa muscular de la 39
epitelio de la 39
folículo linfático solitario de la 39
túnica mucosa del estómago 33
epitelio de la 33
folículo linfático solitario de la 33
túnica mucosa del intestino delgado 38
epitelio de la 38
folículo linfático solitario de la 38
vaso linfático central de la 38
túnica muscular del colon 39
túnica muscular del estómago 33
túnica muscular del intestino delgado 38
túnica serosa del colon 39
túnica serosa del estómago 33
túnica serosa del intestino delgado 38
túnica serosa del útero 79

u

umbilical, arteria 86, 88
umbilical, cordón 86, 88, 89
umbilical, región 8
umbilical, vaso 89
umbilical, vena 86, 88
umbilical mediano, ligamento 77
undécima costilla 14, 16
undécimo par craneal 54
ungueal, lámina 73
ungueal, lecho 73
ungueal, rodete 73
unidad funcional del riñón 76
uña 73
borde libre de la 73
cuerpo libre de la 73
cutícula de la 73
lúnula de la 73
raíz de la 73
uréter 74, 75, 77
adventicia del 74
capa muscular circular del 74
capa muscular longitudinal del 74
epitelio del 74
túnica propia del 74
uréter derecho 35, 74, 75, 77
uréter izquierdo 35, 74, 75, 77
uretra 74, 77, 78, 79, 88
fosa navicular de la 77, 78
orificio de la glándula periuretral en la 77
orificio externo de la 78, 79, 80
orificio interno de la 77, 78
porción esponjosa de la 77, 78
porción membranosa de la 77, 78
porción prostática de la 77
uretra femenina 77
uretra masculina 77
urogenital, región 8
útero 79, 82, 83, 84, 85, 88
cavidad del 79
cérvix o cuello del 79, 82, 83, 85, 88
conducto cervical del 79, 82, 83, 85

cuello o cérvix del 79, 82, 83, 85, 88
cuerpo del 82, 83
fondo del 79, 82, 83, 85
istmo del 79
túnica serosa del 79
uteroovárico ligamento 79
uterovaginal, plexo 79
utricular, nervio 65
utrículo del oído interno 65
utrículo prostático 77
úvula 31
úvula de la vejiga urinaria 77

V

vacío abdominal, región del 8, 9
vacuola de la célula 10
vagina 77, 79, 82, 83, 85, 88
orificio de la 79
pliegues de la 79
vaginal, nervio 79
vago, nervio 54, 70
vaina de mielina 57
vaina fibrosa de los dedos 24
vaina mitocondrial del espermatozoide 80
vaina radicular externa del pelo 72
vaina radicular interna del pelo 72
válvula aórtica 48, 51
valva semilunar derecha de la 48
valva semilunar izquierda de la 48
valva semilunar posterior de la 48
válvula auriculoventricular 48, 51
cuerdas tendinosas de la 48
válvula auriculoventricular derecha 48
valva anterior de la 48
valva posterior de la 48
valva septal de la 48
válvula auriculoventricular izquierda 48
valva anterior de la 48
valva comisural derecha de la 48
valva comisural izquierda de la 48
valva posterior de la 48
válvula ileocecal 31, 39
válvula mitral 48, 51
válvula pulmonar 48, 51
válvula sigmoidea 51
válvula tricúspide 48, 51
válvula venosa 47
vasos coronarios 50
vasos del epigastrio 35
vasos umbilicales 89
vasto externo, músculo 24, 25, 26
vasto interno, músculo 24, 25, 26
Vater, papila de 34, 37

Vater-Pacini, corpúsculo de 57, 71
vejiga urinaria 74, 77, 78, 79, 88
adventicia de la 74
capa muscular externa longitudinal de la 74
capa muscular interna longitudinal de la 74
capa muscular media circular de la 74
cuerpo de la 77
epitelio de la 74
fondo de la 77
pared de la 74
túnica mucosa de la 77
túnica muscular de la 77
túnica propia de la 74
úvula de la 77
vértice de la 77
vejiga urinaria femenina 77
vejiga urinaria masculina 77
vellosidad intestinal 38
vellosidades coriónicas o coriales de la placenta 86, 89
vena 47
endotelio de una 47
membrana basal de una 47
túnica adventicia de una 47
túnica íntima de una 47
túnica media de una 47
vena ácigos 47
vena alveolar 41
vena axilar 47
vena basílica 47
vena braquial 47
vena bronquial 45
vena cardíaca anterior 50
vena cardíaca mayor 50
vena cardíaca mediana 50
vena cardíaca menor 50
vena cava inferior 35, 47, 48, 49, 75
vena cava superior 47, 48, 49
vena cefálica 47
vena central de la retina 59, 60
vena ciliar anterior 59
vena cólica derecha 35
vena cólica media 35
vena dental inferior 40
vena dorsal profunda del pene 78
vena dorsal superficial del pene 78
vena esplénica 35, 47, 52
vena femoral 47
vena femoral profunda 47
vena gástrica izquierda 35
vena hepática izquierda 37
vena ileal 35
vena ilíaca externa 47
vena ilíaca interna 47

vena ilíaca primitiva derecha 47
vena ilíaca primitiva izquierda 47
vena intermedia del codo 47
vena lienal 35, 47, 52
vena mesentérica inferior 35, 47
vena mesentérica superior 35, 47
vena oblicua de la aurícula izquierda 50
vena oftálmica 61
vena ovárica 35, 47
vena ovárica derecha 75
vena ovárica izquierda 75
vena poplítea 47
vena porta 35, 37, 47
vena posterior del ventrículo izquierdo 50
vena pulmonar 45
vena pulmonar derecha 49
vena pulmonar izquierda, 49
vena renal 35, 47, 75
vena renal derecha 75
vena renal izquierda 75
vena safena externa 47
vena safena interna 47
vena subclavia derecha 47
vena subclavia izquierda 47
vena suprahepática 47
vena testicular 35, 47
vena testicular derecha 75
vena testicular izquierda 75
vena tibial anterior 47
vena torácica interna 47
vena trabecular del bazo 52
vena umbilical 86, 88
vena vorticosa 59, 60
vena yeyunal 35
vena yugular 64
vena yugular anterior 47
vena yugular externa 47
vena yugular interna 47
ventana de la cóclea 64
ventana del vestíbulo 66
ventana oval 65, 66
ventana redonda 65, 66
ventrículo cerebral lateral 55
plexo coroideo del 63
ventrículo cerebral, cuarto 55
ventrículo cerebral, tercer 53, 55
ventrículos cerebrales 55
ventrículo de Morgagni 44
ventrículo derecho del corazón 48, 49, 50, 51
ventrículo izquierdo del corazón 48, 49, 50 51
Venus, monte de 79
vértebra, hueso 14, 15, 16, 21, 22, 23, 88

apófisis espinosa de la 16, 21, 88
apófisis transversa de la 21
carilla articular costal de la 21
vértebra cervical 14, 15, 16, 21, 22, 58
primera 15, 16, 22
segunda 15, 16, 22
cuarta 22
séptima 14, 15, 22
vértebra dorsal o torácica 14, 15, 16, 21, 23, 58
primera 15
quinta 23
sexta 23
duodécima 15
vértebra lumbar 14, 15, 16, 21, 23, 58
cuarta 16, 23
quinta 15, 23
vértebra sacra 23
primera 23
segunda 23
tercera 23
cuarta 23
quinta 23
vértebra torácica o dorsal 14, 15, 16, 21, 23, 58
primera 15
quinta 23
sexta 23
duodécima 15
vertebral, columna 13, 21, 87, 88
vertebral, orificio 22
vertebral, región 9
vertical de la lengua, músculo 68
vesícula biliar 31, 36, 37
cuello de la 37
cuerpo de la 37
fondo de la 37
pliegues de la mucosa de la 37
túnica mucosa de la 37
túnica serosa de la 37
vesícula pinocitósica de la célula 10
vesícula secretora de la célula 10
vesícula seminal 77, 78
vestibular, nervio 65
vestíbulo de la boca 31, 68
vestíbulo de la nariz 67
vestíbulo de la vulva 79
vestíbulo del laberinto óseo 65
ventana del 66
vestibulococlear, nervio 54
vía motora del arco reflejo 73
vía sensitiva del arco reflejo 73
vía visual 62, 63
vientre materno 86
visión, defectos de 63
vista 59, 60, 61, 62, 63
vista cansada 63

vitelina, membrana 81
vómer, hueso 12, 17, 67
vorticosa, vena 59, 60
vulva 79
comisura anterior de los labios de la 79
comisura posterior de los labios de la 79
labio mayor de la 77, 79, 88
labio menor de la 77, 79, 88
vestíbulo de la 79

W

Wirsung, conducto de 34

X

xifoides, apófisis 14

y

yeyunal, arteria 35
yeyunal, vena 35
yeyuno 31, 34, 35, 38
yugular, vena 64
yugular anterior, vena 47
yugular externa, vena 47
yugular interna, vena 47
yunque, hueso 12, 64, 65, 66
cuerpo del 66
rama inferior o vertical del 66
rama larga del 64
rama superior u horizontal del 66
yuxtaglomerular, aparato 76
yuxtaglomerular, célula 76

Z

Zeis, glándula de 61
zona antral del estómago 33
zona cardial del estómago 33
zona cortical del riñón 75
zona de percepción del sabor ácido 69
zona de percepción del sabor amargo 69
zona de percepción del sabor dulce 69
zona de percepción del sabor salado 69
zona intermedia del espermatozoide 80
zona orbitaria del músculo orbicular de los párpados 27
zona palpebral músculo orbicular de los párpados del 27
zona pilórica del estómago 33
zona polar del óvulo 81

Índice general

Sumario 4

Presentación 5

El cuerpo humano 6

  1. Anatomía del hombre 6
    Vista frontal – Vista dorsal 6

  2. Anatomía de la mujer 7
    Vista frontal – Vista dorsal 7

  3. Regiones corporales. Vista frontal 8

  4. Regiones corporales. Vista dorsal 9

La célula 10

  1. Célula humana 10

  2. Núcleo celular, cromosomas y ADN 11
    Representación esquemática del núcleo celular –
    Visión de los cromosomas en la división celular –
    Esquema de la estructura de un cromosoma –
    Representación esquemática de la cadena de ADN . 11

El sistema óseo 12

  1. Huesos de la cabeza 12

  2. Huesos del tronco y extremidades 13

  3. Esqueleto. Vista frontal 14

  4. Esqueleto. Vista dorsal 15

  5. Esqueleto. Vista lateral 16

  6. El cráneo 17
    Vista frontal – Vista lateral – Vista superior –
    Vista posterior 17

  7. Manos y pies 18
    Vista dorsal de la mano – Vista palmar de la mano
    – Vista dorsal del pie – Vista lateral del pie . . . 18

  8. Extremidad superior 19
    Clavícula (vista inferior) – Escápula u omóplato
    (vista anterior) – Húmero (vista anterior) –
    Cúbito (vista anterior) – Radio (vista anterior) . . 19

  9. Extremidad inferior 20
    Coxal o ilíaco (vista anterior) – Fémur (vista
    anterior) – Peroné (vista lateral) –
    Tibia (vista anterior) – Rótula (vista anterior) . . 20

  10. La columna vertebral 21
    Vista posterior – Vista lateral 21

  11. Vértebras 22
    Visión frontal del atlas – Visión superior del atlas –
    Visión lateral del axis – Visión dorsal del axis –
    Visión superior de la cuarta vértebra cervical –
    Visión superior de la séptima vértebra cervical . . 22

  12. Vértebras 23
    Visión lateral de la sexta vértebra torácica –
    Visión superior de la quinta vértebra torácica –
    Visión superior de la cuarta vértebra lumbar –
    Visión lateral de la quinta vértebra lumbar –
    Vista frontal del sacro – Vista lateral del sacro . . 23

El sistema muscular 24

  1. Músculos del cuerpo humano. Vista frontal 24

  2. Músculos del cuerpo humano. Vista dorsal 25

  3. Músculos del cuerpo humano. Vista lateral 26

  4. Músculos de la cabeza 27
    Vista frontal – Vista lateral 27

  5. Manos y pies 28
    Vista dorsal de la mano – Vista palmar de
    la mano – Vista dorsal del pie – Vista lateral del pie 28

  6. Tipos de músculos – El tejido muscular 29
    Formas y tipos de músculos – Sección de un músculo
    – Sección de una fibra muscular – Sección de una
    miofibrilla – Estructura de un sarcómero 29

  7. Movimientos del antebrazo 30

El aparato digestivo 31

  1. Órganos y elementos del aparato digestivo y fases
    del proceso de digestión 31

  2. El estómago 32
    Vista general del estómago y el duodeno – Vista al
    microscopio de la pared interior del estómago con
    el detalle de los pliegues gástricos – Proyección del
    estómago sobre la pared abdominal anterior . . . 32

  3. El estómago 33
    Musculatura del estómago – Sección esquemática
    de la pared del estómago 33

  4. El duodeno y el páncreas 34
    Vista ventral del duodeno y el páncreas – Corte
    microscópico del páncreas – Proyección del duodeno
    y el páncreas sobre la pared abdominal anterior . . 34

  5. El duodeno y el páncreas 35
    Órganos retroperitoneales y vasos del epigastrio –
    Vista dorsal del duodeno y del páncreas 35

  6. El hígado 36
    Vista ventral del hígado – Vista esquemática del
    tejido hepático – Proyección del hígado sobre
    la pared abdominal anterior 36

  7. El hígado y la vesícula biliar 37
    Vista dorsal del hígado – Vista anterior de
    la vesícula biliar 37

  8. El intestino delgado: yeyuno e íleon 38
    Visión ventral del intestino delgado enmarcado
    por el intestino grueso – Proyección del intestino
    delgado sobre la pared abdominal anterior –
    Sección transversal del intestino delgado – Sección
    esquemática de la pared del íleon 38

  9. El intestino grueso o colon 39
    Visión ventral del intestino grueso o colon –
    Proyección del intestino grueso sobre la pared
    abdominal anterior – Sección frontal del colon
    ascendente, el ciego y el apéndice vermiforme –
    Sección esquemática de la pared del colon 39

10. Los dientes. 40
   Primera dentición – Tiempos de erupción – Corte
   longitudinal de un diente incisivo – Sección de la
   mandíbula con dientes molares – Tipos de diente . . 40

11. Los dientes. 41
   Dentición definitiva – Tiempos de erupción –
   Situación de los dientes en la boca – Sección
   longitudinal esquemática de un diente molar –
   Inervación de los dientes. 41

El aparato respiratorio 42
1. Los pulmones y los bronquios 42
   Proyección de los bronquios sobre la pared de
   los pulmones 42

2. Esquema del árbol bronquial y sus segmentos. . . . 43
   Vista frontal de la tráquea y los segmentos
   bronquiales identificados por colores 43

3. La laringe, la tráquea y los bronquios 44
   Vista frontal de la laringe, la tráquea y los bronquios
   – Sección frontal de la laringe – Vista dorsal de
   la laringe, la tráquea y los bronquios - Sección
   transversal de la tráquea 44

4. La respiración. Elementos y mecanismo 45
   Bronquíolo y saco alveolar – Intercambio gaseoso
   en los alvéolos – Proceso de oxigenación de la sangre
   desarrollado en el alvéolo pulmonar – Mecanismo
   de la respiración 45

El sistema circulatorio 46
1. Las arterias 46
   Principales arterias del organismo – Sección de una
   arteria – Sección de un capilar 46

2. Las venas. 47
   Principales venas del organismo – Sección de una
   vena – Esquema de una válvula venosa 47

3. El corazón 48
   Sección ventrolateral del corazón – Vista craneal de
   las válvulas cardíacas – Proyección del corazón
   sobre la pared torácica. 48

4. El corazón 49
   Vista frontal del corazón – Vista dorsal del corazón . 49

5. El corazón 50
   Vasos coronarios de la cara anterior del corazón –
   Vasos coronarios de la cara posterior del corazón –
   Sistema de conducción eléctrica del corazón 50

6. Fases del latido cardíaco 51
   Diástole (o llenado) auricular – Sístole (o contracción)
   auricular. Diástole ventricular – Sístole ventricular
   – Diástole (o llenado) auricular. 51

La sangre y el bazo 52
   Las células de la sangre – Vista ventromedial del
   bazo – Vista del bazo en sección – Estructura
   microscópica del bazo 52

El sistema nervioso 53
1. El cerebro 53
   Vista superior del cerebro – Visión lateral del
   cerebro – Visión de la cara interna de un
   hemisferio cerebral. 53

2. El cerebro 54
   Visión inferior del cerebro con los pares craneales . . 54

3. El cerebro 55
   Representación esquemática de las meninges –
   Representación tridimensional de los ventrículos
   cerebrales. 55

4. El sistema nervioso periférico 56

5. Las neuronas 57
   Estructura de una neurona motora – Tipos de
   neurona – Tipos de terminación nerviosa 57

6. La médula espinal y los nervios raquídeos 58
   Representación de la médula espinal y un nervio
   raquídeo – Representación esquemática de
   la médula espinal con los nervios raquídeos – Zonas
   cutáneas inervadas por los nervios raquídeos 58

Los sentidos 59
1. La vista 59
   Corte horizontal de un ojo – Sección de la córnea –
   Sección de la retina 59

2. La vista 60
   Nervio óptico – Fondo de ojo 60

3. La vista 61
   Vista lateral del ojo – El aparato lacrimal 61

4. La vista 62
   Esquema de la vía visual – Visión posterior del iris y
   el cuerpo ciliar – Visión anterior del iris y la pupila . 62

5. La vista 63
   Vista inferior del cerebro con las vías visuales –
   Principales defectos de visión y métodos de corrección 63

1. El oído 64
   Corte frontal del oído – Pabellón auricular –
   Membrana timpánica vista con el otoscopio 64

2. El oído 65
   Vista transversal del oído interno y el oído medio –
   Corte transversal del caracol – El laberinto óseo . . 65

3. El oído 66
   Desarrollo del proceso auditivo – Huesecillos del
   oído medio – Cavidad del tímpano 66

1. El olfato 67
   Sección de la mucosa olfatoria – Vista lateral de la
   fosa nasal – Célula olfatoria – Vista lateral de
   los huesos y los cartílagos nasales – Bulbo olfatorio . 67

1. El gusto 68
   Vista lateral de la lengua – Vista dorsal de la lengua
   – Secciones transversales de la lengua 68

2. El gusto 69
   Fragmento de la superficie de la lengua visto en
   sección – Vista superior de la lengua con las zonas
   de percepción de los sabores – Fragmento de una
   papila caliciforme vista en sección – Cáliz gustativo
   visto en sección. 69

3. El gusto 70
   Transmisión de una sensación gustativa –
   Papilas gustativas 70

1. El tacto 71
   Sección de la piel – Epidermis – Corpúsculos táctiles. 71

2. El tacto 72
   Sección de diferentes tipos de piel del cuerpo
   humano – Sección de un folículo piloso y raíz
   de un pelo – Glándula sudorípara 72

3. El tacto. 73
*Acto reflejo o respuesta inmediata del organismo
frente a agresiones externas que producen dolor –
Sección de un dedo – La uña* 73

El aparato excretor 74

1. El aparato urinario 74
*Visión frontal del aparato urinario – Sección
transversal del uréter – Sección de la pared de
la vejiga urinaria* 74

2. El riñón. 75
*Vista frontal de los riñones – Vista frontal en sección
del riñón izquierdo* 75

3. La nefrona 76
*Esquema de una nefrona o unidad funcional del
riñón – Corpúsculo renal o de Malpighi* 76

4. La vejiga urinaria y la uretra 77
*Visión dorsal de la vejiga urinaria – Sección ventral
de la vejiga urinaria masculina – Uretra masculina
(visión lateral) – Uretra femenina (sección frontal)* 77

El aparato reproductor. 78

1. Aparato genital masculino 78
Inervación vegetativa – Pene 78

2. Aparato genital femenino. 79
*Genitales femeninos internos – Genitales femeninos
externos – Inervación vegetativa* 79

3. Elementos genitales masculinos. 80
*Genitales externos – Testículo (en sección) y
epidídimo – Representación esquemática de
la espermatogénesis – Espermatozoide* 80

4. Elementos genitales femeninos 81
*Sección de un ovario y evolución del folículo ovárico
– Estructura de un óvulo.* 81

5. Maduración y recorrido del óvulo sin fecundar. . . 82
*Fases del óvulo hasta su expulsión con
la menstruación* 82

6. Maduración y recorrido del óvulo fecundado. . . . 83
*Ovulación, fecundación y recorrido del huevo
o cigoto hasta su nidación en el útero* 83

7. El ciclo menstrual. 84
*Mecanismo de la fecundación y del embarazo –
Fases del ciclo – Ovario – Útero – Temperatura basal* 84

8. La fecundación 85
*Fecundación y nidación – Fecundación del óvulo.
Formación de la mórula y la blástula* 85

9. Placenta y desarrollo del feto. 86
*Sección de la placenta – Desarrollo del feto en el
vientre materno* 86

10. El feto durante la gestación 87
Elementos de un embrión de cuatro semanas . . . 87

11. Abdomen de una mujer embarazada 88

12. La placenta. El parto 89
*La placenta en la quinta semana de embarazo –
El proceso del parto* 89

13. Pecho y glándulas mamarias. 90
*Vista frontal de las mamas – Sección lateral
de la mama* 89

Índice analítico 91